HANS-ERHARD SULANKE

Die Entscheidung bei Zweifeln über das Vorhandensein von Prozeßvoraussetzungen und Prozeßhindernissen im Strafverfahren

Strafrechtliche Abhandlungen

Herausgegeben von Dr. Eberhard Schmidhäuser

ord. Professor der Rechte an der Universität Hamburg

in Zusammenarbeit mit den Strafrechtslehrern der deutschen Universitäten

Neue Folge · Band 20

Die Entscheidung bei Zweifeln über das Vorhandensein von Prozeßvoraussetzungen und Prozeßhindernissen im Strafverfahren

Von

Dr. Hans-Erhard Sulanke

DUNCKER & HUMBLOT / BERLIN

Zur Aufnahme in die Reihe empfohlen
von Prof. Dr. Werner Hardwig, Hamburg

Gedruckt 1974 bei Buchdruckerei Bruno Luck, Berlin 65
Printed in Germany
ISBN 3 428 03188 1

Inhaltsverzeichnis

1. Abschnitt

Die Versuche von Literatur und Rechtsprechung zur Lösung des Problems

2. Abschnitt

Die Lösung des Problems

Abkürzungsverzeichnis

BayObLG	Bayerisches Oberstes Landesgericht
BayObLGSt	Entscheidungen des Bayerischen Obersten Landesgerichts, Neue Folge (seit 1950)
BayVGH	Bayerischer Verwaltungsgerichtshof
BayVGHE	Entscheidungen des Bayerischen Verwaltungsgerichtshofs
BGBl.	Bundesgesetzblatt
BGH	Bundesgerichtshof
BGHSt	Entscheidungen des Bundesgerichtshofs in Strafsachen
BVerfG	Bundesverfassungsgericht
BVerfGE	Entscheidungen des Bundesverfassungsgerichts
BWahlG	Bundeswahlgesetz
DAG	Deutsches Auslieferungsgesetz
DDR	Deutsche Demokratische Republik
DJ	Deutsche Justiz
DJZ	Deutsche Juristenzeitung
DÖV	Die Öffentliche Verwaltung
DRZ	Deutsche Rechts-Zeitschrift
DVBl.	Deutsches Verwaltungsblatt
EGGVG	Einführungsgesetz zum Gerichtsverfassungsgesetz
EheG	Ehegesetz
GA	Archiv für Strafrecht, begründet von Goltdammer, zitiert nach Bänden, seit 1953 nach Jahrgängen
GG	Grundgesetz
GS	Der Gerichtssaal
GVBl.	Gesetz- und Verordnungsblatt
GVG	Gerichtsverfassungsgesetz
HESt	Höchstrichterliche Entscheidungen, Sammlung von Entscheidungen der Oberlandesgerichte in Strafsachen
HdbDStR	Handbuch des Deutschen Staatsrechts
i. d. F.	in der Fassung
JGG	Jugendgerichtsgesetz
JR	Juristische Rundschau
JW	Juristische Wochenschrift
JWG	Jugendwohlfahrtsgesetz
JZ	Juristenzeitung
KG	Kammergericht

KMR-Kommentar	Kleinknecht-Müller-Reitberger, Kommentar zur Strafprozeßordnung, 6. Auflage, Darmstadt 1966
LG	Landgericht
LK	Leipziger Kommentar zum Strafgesetzbuch, herausgegeben von Jagusch, Edm. Mezger, A. Schaefer und W. Werner, 8. Auflage, Berlin 1957
LM	Nachschlagewerk des Bundesgerichtshofs, herausgegeben von Lindenmaier-Möhring
MDR	Monatsschrift für Deutsches Recht
NdsRpfl	Niedersächsische Rechtspflege
NJW	Neue Juristische Wochenschrift
OGH	Deutscher Oberster Gerichtshof für die britische Zone
OGHSt	Entscheidungen des Obersten Gerichtshofs für die britische Zone in Strafsachen
OLG	Oberlandesgericht
OWiG	Gesetz über Ordnungswidrigkeiten
RGBl.	Reichsgesetzblatt
RGSt	Entscheidungen des Reichsgerichts in Strafsachen
Rspr.	Rechtsprechung
SchlHA	Schleswig-Holsteinische Anzeigen
SJZ	Süddeutsche Juristenzeitung
StFG	Straffreiheitsgesetz
StGB	Strafgesetzbuch
StPÄG	Strafprozeßänderungsgesetz
StPO	Strafprozeßordnung
VO	Verordnung
VRS	Verkehrsrechts-Sammlung, Entscheidungen aus allen Gebieten des Verkehrsrechts
VwGO	Verwaltungsgerichtsordnung
ZPO	Zivilprozeßordnung
ZStW	Zeitschrift für die gesamte Strafrechtswissenschaft

Einleitung

I. Die verschiedenen Zweifelssituationen und ihre Lösung

Im Verlaufe eines Strafverfahrens kann das Gericht in mannigfacher Hinsicht mit Zweifelssituationen konfrontiert werden, die es vor die Frage stellen, welche von mehreren sich anbietenden tatsächlichen oder auch rechtlichen Möglichkeiten das weitere strafgerichtliche Geschehen bestimmen sollen.

1. Zweifel im Bereich des Schuldbeweises

Am bekanntesten ist der Zweifel im Bereich des Schuldbeweises, wenn sich trotz Ausschöpfung aller Beweismittel am Ende des Verfahrens Unklarheiten über den Hergang des tatsächlichen Geschehens nicht haben beseitigen lassen, so daß das Gericht sich außerstande sieht, ein Urteil in der Überzeugung zu sprechen, daß dem Spruch nur diese und nicht möglicherweise auch andere Tatsachen zugrunde zu legen sind. Diese Zweifel werden traditionell und unbestritten nach dem Satz gelöst, „daß Zweifel im Tatsächlichen dem Angeklagten nicht zum Nachteil sein dürfen, sondern zu seinen Gunsten ausschlagen müssen“[1]. Es wird der dem Angeklagten günstigere Sachverhalt als bewiesen unterstellt: in dubio pro reo.

2. Zweifel in bezug auf Auslegungen

Neben dem Zweifel im Tatsächlichen sind Zweifel im Rechtlichen denkbar, wenn das Gericht sich über die Auslegung der anzuwendenden gesetzlichen Vorschriften oder die Bedeutung einer Erklärung nicht klar zu werden vermag.

Hier herrscht in Literatur und Rechtsprechung insoweit Einmütigkeit, als eine Entscheidung zugunsten des Angeklagten im Bereich der Gesetzesanwendung bei rechtlichen Zweifelsfragen abgelehnt wird[2].

---

[1] BGHSt 18, 275.

[2] *Löwe/Rosenberg*, § 261, Anm. 6 e; Rittler, S. 33; *KMR-Kommentar*, Anm. 1 f vor § 48; *Henkel*, 2. Aufl., S. 352; *Kern/Roxin*, S. 71; *Peters*, Strafprozeß, S. 247; RGSt 62, 372, 373; BGHSt 14, 73; OLG Celle NJW 68, 2119.

Die Interpretation von gesetzlichen Bestimmungen gehört zu den vornehmsten Aufgaben des Gerichts; sie kann ihm nicht abgenommen werden.

Schon bei Zweifeln darüber, wie inhaltlich nicht eindeutige Erklärungen auszulegen sind, begegnet man jedoch verschiedentlich der Auffassung, die Auslegung habe in einem dem Angeklagten möglichst günstigen Sinne zu erfolgen[3]. Sie ist mit Recht überwiegend auf Widerspruch gestoßen[4]. Auslegung ist auf die Ermittlung des Sinns und der Bedeutung einer Willenserklärung gerichtet. Mit dem Ziel dieses Unterfangens ist es unvereinbar, unklare Willenserklärungen einseitig zugunsten des Angeklagten zu werten. Daher ist, wenn das Gericht z. B. in einer Willenserklärung keinen Strafantrag, keine Rücknahmeerklärung oder keine unbedingte Rechtsmitteleinlegung zu sehen vermag, kein Strafantrag gestellt, eine Rücknahme des Strafantrags nicht erklärt[5] oder kein Rechtsmittel eingelegt[6], einerlei, zu wessen Gunsten oder Ungunsten sich dies auswirkt[7].

3. Zweifel in bezug auf Verfahrensverletzungen

Weiter sind Zweifel denkbar, wenn der Angeklagte Verfahrensverletzungen behauptet, die sich zwar nicht beweisen, aber auch nicht ausschließen lassen, so z. B. wenn nicht geklärt werden kann, ob der Angeklagte beim Verhör unzulässigen Vernehmungsmethoden ausgesetzt gewesen ist. Auch hier ist die Ablehnung[8] einer Entscheidung „zugunsten des Angeklagten" nicht mehr ganz einhellig, nachdem Eberhard Schmidt[9] die Auffassung vertreten hat, ein möglicher Verstoß gegen das Verbot des § 136 a StPO solle zugunsten des Angeklagten gewertet werden. Dabei ist freilich zu berücksichtigen, daß Schmidt einen Gedankensprung macht, wenn er unter Bezugnahme auf die Recht-

---

[3] *Seibert,* DRZ 49, 558; OLG Jena JW 28, 1883 mit zustimmender Anmerkung von Stern.

[4] BGHSt 6, 133, 349; 9, 370; OLG Hamburg NJW 58, 1246; *Baumann,* MDR 58, 396; *Jagusch* in LK § 2, Anm. I 3 b gg.

[5] Anders *Stree,* in dubio pro reo, S. 64.

[6] Vgl. die unveröffentlichte Entscheidung des BGH vom 27. August 1952 — 5 StR 183/52.

[7] Im materiellen Strafrecht kann dies freilich im Ergebnis auf die Anwendung des Grundsatzes in dubio pro reo hinauslaufen, denn wenn z. B. nicht zu ermitteln ist, ob eine Äußerung beleidigenden Charakter hat, darf eine Beleidigung nicht als erwiesen angesehen werden, vgl. *Stree,* in dubio pro reo, S. 36.

[8] *Sarstedt,* Revision, S. 135; *Kleinknecht,* § 261, Anm. 8 B b; *Stree,* in dubio pro reo, S. 78 ff.; BGH NJW 63, 836; BGHSt 16, 167 = JR 62, 108; unveröff. Urteile v. 5. 7. 55 — 5 StR 52/55; 8. 7. 55 — 5 StR 115/55; 27. 3. 62 — 1 StR 77/62; OGH NJW 50, 271.

[9] JR 62, 110, ihm folgend jetzt *Kern/Roxin,* S. 71.

sprechung zu zweifelhaften Prozeßvoraussetzungen und Prozeßhindernissen die Frage stellt, ob die Ansätze, die sich in dieser Rechtsprechung in bezug auf eine Anerkennung des Satzes in dubio pro reo bei Verfahrensvoraussetzungen und -hindernissen, „also bei Verfahrensfehlern überhaupt" gezeigt hätten, mit der ablehnenden Entscheidung des Bundesgerichtshofs zu § 136 a StPO[10] nun schlechthin überwunden sein sollten. Zutreffend weist nämlich Stree[11] darauf hin, daß zwischen den unmittelbaren tatsächlichen Voraussetzungen für einen Freiheitseingriff und der Frage, wie sich die Strafverfolgungsorgane die Überzeugung von diesen Voraussetzungen, d. h. vom strafbaren Verhalten des Beschuldigten verschaffen, zu unterscheiden ist, weil eine Ausgangsvermutung für ein rechtmäßiges Handeln der staatlichen Organe besteht[12]. Man wird Stree kaum in der Ansicht widersprechen können, daß sich hiergegen ernsthaft nichts einwenden lasse[13], denn diejenige staatliche Gewalt, die nicht die Ausgangsvermutung rechtmäßigen Handelns für sich in Anspruch nehmen kann, stellt ihre Existenzberechtigung in Frage.

4. Zweifel in bezug auf die Voraussetzungen eines Wiederaufnahmeverfahrens

Literatur und Rechtsprechung haben sich wiederholt auch mit der Frage auseinanderzusetzen gehabt, ob tatsächliche Zweifel hinsichtlich der Voraussetzungen eines Wiederaufnahmeverfahrens eine Entscheidung zugunsten des Verurteilten erfordern. Hierzu ist allgemein die Auffassung vertreten worden, daß eine solche Entscheidung mit dem Wesen des Wiederaufnahmeverfahrens unvereinbar sei. Die Beweisaufnahme im Probationsverfahren diene zwar wie jede Beweisaufnahme ebenfalls der Feststellung der Richtigkeit von Tatsachen; da es jedoch nur darum gehe, zu ermitteln, ob die den Antrag stützenden Behauptungen „genügende Bestätigung" gefunden haben (§ 370 StPO), erlaube das Ergebnis der Beweisaufnahme aber nur, in der Form der Prognose zu entscheiden, ob das Urteil in seiner tatsächlichen Grundlage erschüttert und eine für den Verurteilten günstigere Entscheidung wahrscheinlich zu erwarten ist. Daher sei im Probationsverfahren für den Grundsatz „im Zweifel für den Angeklagten" kein Raum[14].

---

10 BGHSt 16, 167 = JR 62, 108.

11 In dubio pro reo, S. 78 ff., insbes. S. 80, 81.

12 So z. B. auch die unveröffentlichte Entscheidung des BGH vom 28. Juni 1955 — 5 StR 115/55.

13 In dubio pro reo, S. 81.

14 So OLG Köln NJW 68, 2119; *Stree*, in dubio pro reo, S. 86, im Ergebnis auch *Peters*, Strafprozeß, S. 595.

Auch soweit es darum geht, ob die in § 359 StPO bezeichneten Tatsachen vorliegen, ist eine Entscheidung „zugunsten des Verurteilten" verneint worden. Für die in § 359, Ziffern 1 - 4 StPO bezeichneten Tatsachen fordert das Gesetz, wie sich aus § 364 StPO folgern läßt, Gewißheit[15]. Die in § 359, Ziffer 5 StPO bezeichneten Tatsachen brauchen nur geeignet zu sein, eine andere als die frühere Entscheidung zu begründen. Wird somit vom Richter im Rahmen des Wiederaufnahmeverfahrens nur eine Wahrscheinlichkeitsprognose erwartet, so muß genügen, wenn wahrscheinlich ist, daß die Tatsachen neu sind, weil ihre Tauglichkeit, zu einem für den Verurteilten günstigeren Spruch zu führen, erst später geprüft wird. Die Bildung einer Wahrscheinlichkeitsprognose hat daher mit der Frage, wie im Zweifelsfalle zu entscheiden ist, nichts zu tun[16].

5. Zweifel in bezug auf das Vorhandensein von Prozeßvoraussetzungen und Prozeßhindernissen

Den breitesten Raum in der Diskussion um die Behandlung von Zweifelssituationen nimmt in Literatur und Rechtsprechung die Frage ein, wie zu entscheiden ist, wenn Prozeßvoraussetzungen und Prozeßhindernisse, Umstände also, von denen die Zulässigkeit eines strafgerichtlichen Verfahrens abhängt, zweifelhaft sind. Die Frage ist fast ausschließlich bei fünf Fallgestaltungen praktisch geworden, nämlich in den Fällen, daß ungewiß bleibt, ob ein Strafantrag überhaupt oder ob er rechtzeitig gestellt oder zurückgenommen ist, ob eine Tat verjährt ist, ob ein Rechtsmittel überhaupt und ob es form- und fristgerecht eingelegt oder wieder zurückgenommen ist, ob der Angeklagte wegen derselben Tat in einem anderen Verfahren schon einmal abgeurteilt wurde, schließlich, ob die zeitlichen Voraussetzungen einer Amnestie vorliegen.

In diesem Bereich herrscht eine Vielfalt von Auffassungen. Zutreffend weist Henkel[17] darauf hin, daß hier im einzelnen nahezu alles streitig ist. Eberhard Schmidt[18] bezeichnet die Problematik als eine der „besonders umstrittenen Fragen". Bei alledem wird aber auf eingehendere Begründungen der unterschiedlichen Auffassungen weitgehend verzichtet. Zusammenhängende Darstellungen, die alle Prozeßvoraussetzungen und Prozeßhindernisse betrachten, fehlen gänzlich. Ihre eingehendste Würdigung hat die Gesamtproblematik bislang von Stree erfahren, der seine Ausführungen jedoch selber lediglich als Anregungen zum weiteren Durchdenken bezeichnet[19]. Hervorzuheben ist noch der

---

15 Vgl. *Stree*, in dubio pro reo, S. 84.

16 Vgl. *Stree*, ebd., S. 85.

17 2. Aufl., S. 353, Fußnote 14.

18 Lehrkommentar II, § 261, Anm. 14.

19 In dubio pro reo, S. 53 ff., Vorwort, S. V.

Aufsatz von D. und U. Mann[20], die versuchen, die vom Bundesgerichtshof in einem Einzelfall aufgestellten Grundsätze zu verallgemeinern und auf alle Prozeßvoraussetzungen und Prozeßhindernisse auszudehnen.

Die Rechtsprechung ist von einer großen Uneinheitlichkeit gekennzeichnet. Der Bundesgerichtshof hat es auf einen entsprechenden Vorlagebeschluß abgelehnt, allgemein zu der ihm vorgelegten Frage Stellung zu nehmen, ob der Grundsatz in dubio pro reo auf die allgemeinen Prozeßvoraussetzungen Anwendung findet[21]. Er hat aber in einer neueren Entscheidung[22] im Zusammenhang mit der Verjährung die Geltung des Satzes in dubio pro reo anerkannt, dabei gleichzeitig aber die Ansicht vertreten, daß es eine einheitliche Antwort nicht geben könne, sondern nur eine „den besonderen Umständen der Einzelfrage zugemessene Entscheidung". Daher wird die Frage, ob im Zweifelsfalle zugunsten des Angeklagten zu entscheiden ist, von Fall zu Fall unterschiedlich beantwortet. Die Oberlandesgerichte haben das Urteil des Bundesgerichtshofs nicht aufgegriffen und sich mit seiner Argumentation weder prinzipiell noch im Zusammenhang mit einer speziellen Prozeßvoraussetzung auseinandergesetzt. Die neueren Entscheidungen knüpfen vielfach lediglich an bisherige Formeln an und kommen dabei zu unterschiedlichen Ergebnissen[23]. Vereinzelt wird so getan, als sei es überhaupt unproblematisch, wie bei zweifelhaften Prozeßvoraussetzungen oder Prozeßhindernissen zu entscheiden ist[24], eine Betrachtungsweise, die mit Recht auf Kritik gestoßen ist[25].

II. Die Begrenzung des Themas und der Lösungsweg

Mit dieser sehr umstrittenen Frage, wie das Problem zweifelhafter Prozeßvoraussetzungen und Prozeßhindernisse zu lösen ist, werden sich die nachfolgenden Ausführungen befassen. Dabei sollen in einem ersten Abschnitt die bislang vertretenen Auffassungen mit ihren unterschiedlichen Ergebnissen und Begründungen einschließlich einer Reihe unveröffentlichter Entscheidungen des Bundesgerichtshofs zusammengetragen, einheitlich dargestellt und kritisch geprüft werden.

Der kurze Einblick in die Behandlung des Problems in Literatur und Rechtsprechung hat bereits offenbart, daß, von vereinzelt gebliebenen

---

20 ZStW 64, 264 ff.

21 Unveröffentlichter Beschluß vom 9. Juli 1954 — 5 StR 116/54 —.

22 BGHSt 18, 274 ff. = JZ 63, 605 ff. = MDR 63, 855 = NJW 63, 1209 f.

23 So für die Einlegung von Rechtsmitteln OLG Düsseldorf NJW 64, 1684; OLG Celle NJW 67, 640; BayObLG NJW 66, 947 und NJW 68, 2118.

24 So OLG Düsseldorf NJW 64, 1684.

25 *Schürmann*, NJW 64, 2265.

Ausnahmen abgesehen, alle bisherigen Lösungsversuche um den Gedanken der Anwendung des Grundsatzes in dubio pro reo oder zumindest einer Entscheidung „zugunsten des Angeklagten“ kreisen. Die unerläßlichen Fragen, die solchen Lösungsversuchen vorangestellt werden müssen, sind, ob der Satz in dubio pro reo seinem spezifischen Gehalt nach sich für eine Anwendung auf die allgemeinen Prozeßvoraussetzungen und Prozeßhindernisse überhaupt eignet, ob sich für alle Prozeßvoraussetzungen und Prozeßhindernisse überhaupt einheitlich sagen ließe, was eine Entscheidung „zugunsten des Angeklagten“ denn bedeuten würde, oder ob nicht auf gänzlich andere Kriterien abzustellen wäre, die sich aus der Funktion der Prozeßvoraussetzungen und Prozeßhindernisse als Zulässigkeitsbedingungen für ein Strafverfahren ergeben. Abschließend wird man sich der Mühe unterziehen müssen, das gefundene Ergebnis an den einzelnen Zulässigkeitsbedingungen zu messen.

Zulässigkeit soll dabei im folgenden nicht nur die Zulässigkeit des Verfahrens „an sich“, sondern weitergehend die Frage bezeichnen, ob in dieser Sache vor diesem Gericht unter Mitwirkung dieser Prozeßsubjekte eine Sachentscheidung erstrebt werden kann[26]. Verfahrensvoraussetzung oder -hindernis ist demzufolge im Rahmen dieser Ausführungen alles (und nur alles), was die Zulässigkeit des Verfahrens in diesem Umfang betrifft.

Was die Frage anlangt, welche prozessualen Vorschriften den Prozeßvoraussetzungen und Prozeßhindernissen zuzurechnen sind, so wird sich der hier verwendete Katalog auf die allgemein anerkannten wichtigsten Prozeßvoraussetzungen und Prozeßhindernisse beschränken. Es würde den Rahmen der nachfolgenden Ausführungen sprengen, sollten auch Erörterungen darüber geführt werden, ob und gegebenenfalls welche prozessualen Veranstaltungen als Prozeßvoraussetzungen oder Prozeßhindernisse zu bezeichnen wären.

---

26 Eb. *Schmidt*, Lehrkommentar I, Rdnr. 119.

1. Abschnitt

Die Versuche von Literatur und Rechtsprechung zur Lösung des Problems

I. Die uneingeschränkte Anwendung des Grundsatzes in dubio pro reo

In der Literatur ist wiederholt die Auffassung vertreten worden, daß zur Lösung von Zweifelsfragen im Zusammenhang mit dem Vorliegen von Prozeßhindernissen oder Prozeßvoraussetzungen — nicht anders als im Bereich des materiellen Strafrechts — generell der Satz in dubio pro reo heranzuziehen sei. Dazu findet man in der 20. Auflage des Erläuterungswerks von Löwe-Rosenberg[1] die knappe Bemerkung, die Ansicht, der Satz in dubio pro reo gelte nur für die zum gesetzlichen Tatbestand gehörigen Tatsachen, wogegen ein Verfahrenshindernis nur beachtet werden dürfe, wenn es bewiesen sei, verkenne „die königliche Bedeutung des Grundsatzes in dubio pro reo" — eine Auffassung, die mit Recht von Sarstedt[2] mit dem Hinweis kritisiert worden ist, daß es doch erst thema probandum sei, ob dem Satz tatsächlich so königliche Bedeutung zukommt. Kern[3] begnügt sich mit dem Satz, es dürfe „nach allgemeinen rechtsstaatlichen Grundsätzen" kein Strafverfahren durchgeführt werden, wenn nicht genau feststehe, ob z. B. eine Tat schon verjährt ist oder unter eine Amnestie fällt. Aus dem das gesamte Strafprozeßrecht beherrschenden Grundsatz der amtlichen Untersuchungspflicht leitete früher Henkel[4] die uneingeschränkte Anwendung des Grundsatzes in dubio pro reo im Prozeßrecht ab. Eine andere Auffassung[5] wiederum begründet sie aus § 261 StPO. Stree[6] sieht einen „Verstoß gegen den Grundsatz der Gesetzmäßigkeit", wenn das Gericht einen Strafausspruch trotz nicht behebbarer Zweifel über eine Prozeßvoraussetzung fällt. Am eingehendsten ist bislang der Versuch, dem Grundsatz in dubio pro reo für die Prozeßvoraussetzungen ganz allgemein

---

1 *Kohlhaas* in *Löwe/Rosenberg*, Vorbem. 16 e vor § 151.

2 Revision, S. 245.

3 JZ 58, 373.

4 1. Aufl., § 70, IV, 3.

5 z. B. *Seibert*, DRZ 49, 557; *Wimmer*, DRZ 50, 391; RGSt 72, 156; OGHSt 1, 166; BGH NJW 57, 1643 f.

6 In dubio pro reo, S. 57.

Geltung zu verschaffen, von D. und U. Mann[7] begründet worden. Sie gehen von dem Beschluß des Bundesgerichtshofs vom 19. Februar 1963[8] aus, in dem ein Zusammenhang des Satzes „im Zweifel für den Angeklagten“ mit dem Verfassungsgrundsatz der Rechtsstaatlichkeit herausgestellt wurde. Der Bundesgerichtshof sage allerdings nicht, woraus dieser Zusammenhang zu folgern und wie er im einzelnen näher zu bestimmen sei. Eine solche genauere Konkretisierung sei aber erforderlich, wenn man die zwischen beiden Rechtsgrundsätzen bestehenden Beziehungen einsichtig machen und die Grenzen des Satzes in dubio pro reo vom Rechtsstaatsprinzip her neu bestimmen wolle.

Es werden dann[9] geistesgeschichtliche Parallelen aufgezeigt, die den Begriff des Rechtsstaats und den Satz in dubio pro reo als Ausprägungen einer individualistisch-liberalen Rechtsauffassung ausweisen. Darüber hinaus bestünden noch weitergehende, inhaltliche Übereinstimmungen. Dem im Grundgesetz verfassungsrechtlich anerkannten Grundsatz des Rechtsstaats komme die Bedeutung eines umfassenden Verbots irgendwelcher staatlichen Eingriffe in den Rechtskreis des einzelnen zu. Es spreche eine Vermutung für die Freiheit der Bürger vom staatlichen Zwang. Im Strafprozeß bedeute das: „Im Zweifel für den Angeklagten“. Verstehe man den Satz in dubio pro reo in diesem Sinne als eine speziell strafprozessuale Ausprägung des umfassenden Prinzips des Rechtsstaats, so folge daraus, daß Eingriffe des Staates in die Freiheitssphäre des Bürgers, hier also des Angeklagten, nur zulässig seien, wenn seine Befugnis hierzu in allen ihren Voraussetzungen nach der Überzeugung des Gerichts unbezweifelbar klar zutage liege. Einen derartigen Eingriff in die Individualsphäre stelle aber nicht nur die definitive Bestrafung dar. Auch das Strafverfahren als solches erweise sich in seiner Durchführung und in seinen Folgen als eine nachteilige und belastende Einwirkung auf den Rechtskreis des Beschuldigten. Mit diesen aus dem Rechtsstaatsprinzip abgeleiteten Folgerungen lasse es sich nicht vereinbaren, den Satz in dubio pro reo nicht für alle Prozeßvoraussetzungen in gleicher Weise gelten zu lassen. Die Eingriffsvoraussetzungen für belastende Maßnahmen gegen den Bürger, auch den Angeklagten, müßten in jedem Falle zweifellos feststehen. Da die Prozeßvoraussetzungen gerade die Zulässigkeitsbedingungen für einen gegebenenfalls zu Lasten des Angeklagten ausfallenden Urteilsspruch seien, dürften sie nicht unterschiedlich bewertet werden. Für eine einheitliche Behandlung aller Sachurteilsvoraussetzungen sprächen auch die Lösungen dieser Problematik in anderen Verfahrensarten. Sowohl

---

7 ZStW 64, 264 ff.

8 BGHSt 18, 274 ff. = JZ 63, 605 ff. = MDR 63, 855 ff.

9 *Mann,* S. 274 ff.

im Zivilprozeß als auch im Verwaltungsprozeß sei eine Entscheidung zur Sache ausgeschlossen, wenn Zweifel tatsächlicher Art am Vorliegen der für ein Sachurteil erforderlichen Prozeßvoraussetzungen aufträten.

Allen diesen Lösungsversuchen ist gemeinsam, daß in ihnen die grundlegende Frage entweder überhaupt nicht berührt wird oder doch zumindest ungeklärt bleibt, ob der Grundsatz in dubio pro reo in seiner spezifischen, im Bereich der materiellen Tatumstände gewonnenen Bedeutung sich überhaupt für eine Übertragung auf das Strafverfahrensrecht eignet. Die Ansicht Strees[10], daß es einen Verstoß gegen den „Grundsatz der Gesetzmäßigkeit" bedeute, wenn trotz nicht behebbarer Zweifel über eine Prozeßvoraussetzung gestraft wird, bleibt eine Rechtsbehauptung selbst dann, wenn er den Grundsatz der Gesetzmäßigkeit als eine der Quellen des Grundsatzes in dubio pro reo bezeichnet[11]. Das von ihm herangezogene Beispiel vermag seinen Standpunkt nicht zu begründen. Sei, so meint Stree, ungewiß, ob z. B. der Berechtigte einen Antrag gestellt habe, so mangele es an einer Voraussetzung, unter der das Gericht allein ermächtigt sei, in den Bereich des Täters einzudringen. Dieser Satz wäre doch aber nur richtig, wenn vom Gesetz gefordert würde, daß der Strafantrag zur Gewißheit feststehen muß. Stree weist jedoch selber sehr richtig darauf hin, daß nicht ersichtlich ist, daß der Gesetzgeber mit der negativen Formulierung des § 61 StGB eine Regelung darüber habe treffen wollen, was zu beweisen ist[12]. Mit dem Hinweis auf die Gesetzmäßigkeitsmaxime ist demnach nichts gewonnen.

Ebensowenig überzeugend sind die Überlegungen von D. und U. Mann. Sie beziehen ihre Argumente offenkundig aus dem Verwaltungsrecht und übertragen diese auf das Strafprozeßrecht. Dabei wird ihnen zuzugeben sein, daß geistesgeschichtliche Entwicklungen auf einem Rechtsgebiet auch Entsprechungen auf anderen Rechtsgebieten haben können, denn solche Entwicklungen pflegen komplex zu sein. Gleichwohl braucht die Vermutung zugunsten der Freiheit im Verwaltungsrecht im Strafrecht nicht „in dubio pro reo" zu bedeuten, denn jedes verfassungsrechtliche Institut wirkt sich in den einzelnen Rechtsgebieten entsprechend dessen spezifischen Aufgaben und Eigenheiten aus. Darauf wird auch hier abzustellen sein. Während im Verwaltungsrecht die Abgrenzung der staatlichen Einflußsphäre gegenüber dem grundsätzlich freien Individuum in Frage steht, geht es im Strafrecht um die Beurteilung der Verstrickung des Individuums in persönliche Schuld im Rahmen der von der Gemeinschaft gesetzten Ordnung.

---

[10] In dubio pro reo, S. 57.

[11] Ebd., S. 18.

[12] Ebd., S. 58.

Hier wird sich der Satz von der „Vermutung für die Freiheit der Bürger vom staatlichen Zwang“ nicht schlechthin übertragen lassen.

Wenig glücklich erscheint auch der Vergleich mit dem Zivil- und mit dem Verwaltungsprozeß. Diese beiden Prozeßarten kennen den Begriff der Beweislast und unterscheiden sich daher grundlegend von dem Strafprozeß. Dieser fundamentale Unterschied hat Rückwirkungen auch auf die Frage, wie bei zweifelhaften Prozeßvoraussetzungen zu entscheiden ist, wenngleich natürlich in allen Prozeßarten von Amts wegen die Sachurteilsvoraussetzungen zu ermitteln sind. Allein der Umstand aber, daß Zivil- und Verwaltungsprozeß Parteien haben, von denen eine auch bei tatsächlichen Zweifeln unterliegen kann (wobei dies im Verwaltungsprozeß auch der Bürger sein kann, so daß in diesem Falle die Vermutung für seine Freiheit vom staatlichen Zwang doch nicht zum Zuge kommt), macht die Frage, wie bei Zweifeln zu entscheiden ist, unproblematisch.

Allen genannten Auffassungen ist ferner gemeinsam, daß sie jegliche Auseinandersetzung mit der Frage vermissen lassen, was in dubio pro reo bei zweifelhaften Prozeßvoraussetzungen und Prozeßhindernissen denn praktisch überhaupt bedeutet. Ist es wirklich eine Entscheidung „zugunsten“ des Angeklagten, wenn z. B. das Verfahren wegen möglicher Mängel des Eröffnungsbeschlusses eingestellt und nach Wochen oder gar Monaten erneuert wird, wenn das Verfahren vor einem deutschen Gericht eingestellt wird, um vor einem ausländischen Gericht eröffnet zu werden, oder wenn das Verfahren wegen eines möglichen Verfahrensmangels gänzlich eingestellt wird, während der Angeklagte auf Freisprechung gehofft hatte? Ähnliche Fallgestaltungen ließen sich beliebig vermehren. In solchen Fragen, die so gut wie nirgends auch nur angedeutet werden, hätte möglicherweise der Schlüssel zu einer ganz anderen Betrachtung unseres Problems gelegen.

II. Die auf den Einzelfall beschränkte Entscheidung „in dubio pro reo“ oder „zugunsten des Angeklagten“

1. Allgemeines zur Auffassung von der dem Einzelfall zugemessenen Entscheidung

In der Rechtsprechung ganz allgemein, in der Literatur weit überwiegend, wird die Auffassung vertreten, daß die Entscheidung darüber, wie bei zweifelhaften Prozeßvoraussetzungen und Prozeßhindernissen zu verfahren ist, davon abhängig gemacht werden müsse, welche Prozeßvoraussetzung bzw. welches Prozeßhindernis im Einzelfall in Rede steht. Dabei wird bald der Satz in dubio pro reo zur Geltung gebracht, bald zwar seine Anwendbarkeit verneint, dafür aber „zugunsten des Angeklagten“ entschieden.

a) in der Rechtsprechung

Schon das Reichsgericht[1] hatte den Satz in dubio pro reo stets nur mit einzelnen Prozeßvoraussetzungen in Verbindung gebracht und war dabei zu unterschiedlichen Ergebnissen gelangt. Lediglich einmal hatte es sich so geäußert, daß der Eindruck entstehen konnte, als habe es allgemein zur Anwendbarkeit des Grundsatzes in dubio pro reo auf die Prozeßvoraussetzungen Stellung nehmen wollen[2]. Auch diese Entscheidung beschäftigte sich aber mit einer speziellen Prozeßvoraussetzung, nämlich der Rechtzeitigkeit einer Berufung. Wenngleich nun auch die Begründung des Urteils sehr allgemein gehalten ist, so ist doch allein schon der Umstand, daß das Reichsgericht in früheren Entscheidungen[3] zu anderen Prozeßvoraussetzungen andere Auffassungen vertreten hatte, mit denen es sich in dieser Entscheidung nicht auseinandersetzt, hinreichendes Indiz dafür, daß die Begründung sich auch nur auf die im zur Entscheidung anstehenden Fall in Frage stehende Prozeßvoraussetzung beziehen sollte[4].

Das Kammergericht legte einmal[5] dem Bundesgerichtshof die konkrete Frage vor: „Findet der Satz in dubio pro reo auch bei der Prüfung der Prozeßvoraussetzungen und Prozeßhindernisse Anwendung?“ Hierzu glaubte es sich verpflichtet, nachdem der Bundesgerichtshof in der unveröffentlichten Entscheidung 4 StR 124/51 vom 9. Oktober 1952 zwar im Zusammenhang mit dem Einwand früherer rechtskräftiger Aburteilung, in der Begründung aber recht allgemein formulierend, entschieden hatte, der Einwand sei nur zu berücksichtigen, wenn er erwiesen sei. Durch den ebenfalls unveröffentlichten Beschluß vom 9. Juli 1954 — 5 StR 116/54 — lehnte der Bundesgerichtshof die Entscheidung dieser Rechtsfrage ab mit der Begründung, die Fragestellung des Kammergerichts sei zu weitgehend, es sei nicht allgemein über die Behandlung von Prozeßvoraussetzungen und Prozeßhindernissen zu entscheiden, sondern nur über die konkrete, der beabsichtigten Entscheidung zugrunde liegende Prozeßvoraussetzung.

Auch in diesem Beschluß fehlt wiederum jegliche Auseinandersetzung mit der logisch vorrangigen und durchaus entscheidungsbedürftigen Frage, ob der Satz in dubio pro reo überhaupt das rechte Mittel zur Lösung unseres Problems im Einzelfall wäre. Darüber hinaus bedürfte auch, wenn man schon auf den Satz in dubio pro reo zurückgreift, die

---

[1] z. B. RGSt 47, 238 (Strafantrag); RGSt 53, 324; 56, 50; 71, 263; 72, 5, 25 (Amnestie).

[2] RGSt 65, 250 (255).

[3] RGSt 47, 238; 53, 324; 56, 50.

[4] Vgl. auch *Stree*, in dubio pro reo, S. 54.

[5] Vor dem Urteil vom 6. 10. 1954, JR 54, 470 — Hinweis bei *Sarstedt*, Anm. JR 54, 471.

Frage einer Klärung, ob es dann nicht eine allgemeine Lösung des Problems gäbe. Beide Fragen sind nicht von vornherein so indiskutabel, als daß sie nicht einer Erörterung bedürften. Statt dessen wird lediglich die allgemeine Anwendung des Grundsatzes in dubio pro reo stillschweigend ausgeschlossen. So verweist der Bundesgerichtshof in seinem Beschluß auf die unveröffentlichte Entscheidung vom 19. Februar 1953 — 3 StR 427/52 —, in der der volle Nachweis der tatsächlichen Voraussetzungen für die Anwendung eines Straffreiheitsgesetzes gefordert wird, und erklärt, die Ausführungen des 3. Strafsenats zeigten schon, daß die vom Kammergericht gestellte allgemeine Frage verschieden beantwortet werden könne, je nachdem, welches Prozeßhindernis in Rede stehe. Dabei berücksichtigt der Bundesgerichtshof noch nicht einmal, daß der 3. Strafsenat in dem zitierten Urteil ausdrücklich ausgeführt hatte, es sei zuzugeben, daß auch für die Entscheidung der Frage, ob die Prozeßvoraussetzungen gegeben sind, bzw. ob Verfahrenshindernisse vorliegen, Zweifel zugunsten des Angeklagten wirken. Die rechtsstaatliche Ordnung lasse nicht zu, daß ein Strafverfahren in Gang gebracht, gefördert oder durch Sachurteil abgeschlossen werde, wenn die allgemeinen verfahrensrechtlichen Voraussetzungen fehlten oder ihr Vorliegen zweifelhaft erscheine. Über diese allgemein gehaltenen Ausführungen, in denen das Problem der Entscheidung im Falle zweifelhafter Amnestievoraussetzungen als „Ausnahme" bezeichnet wird, geht der Bundesgerichtshof einfach hinweg und legt seiner Entscheidung die Prämisse zugrunde, daß eine allgemeine Anwendbarkeit des Grundsatzes in dubio pro reo auf die Prozeßvoraussetzungen ausgeschlossen sei.

In seinem bekannten — später noch zu erörternden — Beschluß zur Frage nach der Entscheidung bei zweifelhafter Verjährung[6] erklärt der Bundesgerichtshof, daß eine „schablonenhafte Antwort, die einheitlich gelten könnte", nicht möglich sei. Die wesentlichen Merkmale der Rechtsstaatlichkeit, Gerechtigkeit und Rechtssicherheit, verlangten vielmehr „eine den besonderen Umständen der Einzelfrage zugemessene Entscheidung".

b) in der Literatur

Daß es eine für alle Prozeßvoraussetzungen und Prozeßhindernisse einheitlich geltende Lösung unseres Problems nicht gebe, ist auch der in der Literatur überwiegend vertretene Grundgedanke. Dabei ist nur zu unterscheiden zwischen solchen Autoren, die meinen, es müsse für jede Prozeßvoraussetzung gesondert entschieden werden, ob der Satz in

6 BGHSt 18, 274 ff. = JZ 63, 505 ff. mit Anm. von Eb. Schmidt = MDR 63, 855 ff. mit Anm. von Dreher = NJW 63, 1209 f.

dubio pro reo Anwendung finden solle[7], und solchen, die den Grundsatz in dubio pro reo zur Lösung unseres Problems zwar ablehnen, im übrigen aber auch für jede Prozeßvoraussetzung und jedes Prozeßhindernis gesondert prüfen wollen, ob im Zweifelsfalle zugunsten des Angeklagten zu entscheiden ist[8].

2. Die zu den einzelnen Prozeßvoraussetzungen und Prozeßhindernissen vertretenen Ansichten

Bei der Darstellung der zu den einzelnen Prozeßvoraussetzungen und Prozeßhindernissen vertretenen Meinungen erscheint es wegen der Vielfalt der Äußerungen zweckmäßig, nach den einzelnen Prozeßvoraussetzungen zu differenzieren. Dabei spielen in Literatur und Rechtsprechung praktisch nur die nachstehenden fünf Prozeßvoraussetzungen bzw. Prozeßhindernisse eine Rolle: Strafantrag, Verjährung, frühere Aburteilung (ne bis in idem), Amnestie und Rechtsmittelerklärungen.

a) Strafantrag

aa) Die Stellung des Antrags

(1) Literatur

Ist ungewiß, ob ein Strafantrag überhaupt oder ob er rechtzeitig gestellt wurde, so wertet die Literatur[9] ausnahmslos diese Zweifel dahin, daß das Verfahren einzustellen sei, was mit einer Entscheidung „zugunsten des Angeklagten" stillschweigend gleichgesetzt wird. Die Begründungen zu dieser Auffassung gipfeln in der schlichten Aussage Strees[10], irgendwelche Gründe, die einen gegenteiligen Standpunkt nahelegen, seien nicht ersichtlich.

(2) Rechtsprechung

Sieht man von einigen zwar verschiedentlich zitierten, in diesem Zusammenhang jedoch fälschlich eingeordneten Entscheidungen[11] ab, so hat die Rechtsprechung — soweit ersichtlich — nur zweimal Veranlassung

---

[7] z. B. *Sarstedt*, Revision, S. 245.

[8] z. B. *Sax* in *KMR-Kommentar*, Anm. 1 f (3) cc (2) vor § 48 und Anm. zu BGH 5 StR 52/57 in JZ 58, 177 sowie Festschrift für Stock, S. 169; *Henkel*, 2. Aufl., S. 352, 353.

[9] Vgl. z. B. *KMR-Kommentar*, Vorbem. 1 f (3) cc (2) a vor § 48; § 261, Anm. 6 b; § 244, Anm. 3 c; *Sarstedt*, Revision, S. 113, Fußnote 17; *Kohlhaas*, NJW 54, 1793; *Schwarz*, NJW 50, 125; ferner alle, die Zweifel grundsätzlich „zugunsten" des Angeklagten werten, z. B. *Löwe/Rosenberg*, Einl. Kap. 10 A 7 bb; *Eb. Schmidt*, Lehrkommentar I, Rdnr. 198; *Erbs*, § 206 a, Anm. VI C; *Kern/Roxin*, S. 71; *Kern*, JZ 58, 373.

[10] In dubio pro reo, S. 60.

[11] BayObLG NJW 61, 1222 = MDR 61, 873; RGSt 48, 195.

gehabt, sich mit dem Problem zweifelhafter Antragsvoraussetzungen zu beschäftigen[12]. Dabei liegt das Charakteristikum der beiden Entscheidungen zugrunde liegenden Sachverhalte darin, daß der Strafantrag zweifelsfrei gestellt war und nur nicht geklärt werden konnte, wann der Antragsberechtigte Kenntnis von der strafbaren Handlung und der Person des Täters erlangt hatte. Ungewiß war also nicht, ob und wann der Strafantrag gestellt worden war, sondern wann die für die Bemessung der Strafantragsfrist maßgeblichen Umstände eingetreten waren. Ohne auf die im Rahmen unserer Problemstellung abweichende Fallgestaltung einzugehen, bemerkt das Reichsgericht lediglich, daß „ein rechtzeitig gestellter Strafantrag nach § 61, 172 StGB Voraussetzung der strafrechtlichen Verfolgung des Ehebruchs ist", während das Oberlandesgericht Hamm erklärte, etwaige Zweifel wegen der Rechtszeitigkeit des Strafantrags wirkten sich nach dem Grundsatz „im Zweifel zugunsten des Angeklagten" aus.

Obwohl beide Sachverhalte von den üblichen Fallgestaltungen abweichen, werden sie gleichwohl unserem Problemkreis zuzurechnen sein. Es kann keinen Unterschied machen, ob nicht mehr geklärt werden kann, wann ein Strafantrag eingegangen ist oder wann die Antragsfrist zu laufen begann; in beiden Fällen kann gleichermaßen zweifelhaft sein, ob die Antragsfrist gewahrt ist.

Beide Entscheidungen geben indes für unser Problem nichts her. Es ist zwar richtig, daß § 61 StGB einen rechtzeitig gestellten Strafantrag fordert; diese Vorschrift sagt aber, wie oben bereits festgestellt wurde[13], nichts darüber aus, ob ein Strafantrag rechtzeitig gestellt ist, wenn die Wahrung der Antragsfrist in Zweifel steht. Die diskussionslose Heranziehung des Grundsatzes „im Zweifel zugunsten des Angeklagten" ist in diesem Zusammenhang schlechthin verfehlt.

bb) Die Rücknahme des Strafantrags

(1) Die Rücknahme als „von außen kommendes Ereignis"

Nicht so unumstritten ist, ob auch „in dubio pro reo" zu entscheiden ist, wenn nicht geklärt werden kann, ob der Strafantrag zurückgenommen ist. In diesem Zusammenhang taucht verschiedentlich die Ansicht auf, der Wille, von Strafverfolgung abzusehen, müsse zweifelsfrei geäußert sein[14]. Diese Äußerungen müssen hier allerdings außer Betracht bleiben, weil sie sich nicht mit Zweifeln tatsächlicher Art, sondern mit den Fällen unklarer Rücknahmeerklärungen befassen.

---

[12] RGSt 47, 238 und OLG Hamm VRS 14, 33.

[13] Vgl. oben B 1. Abschn. I.

[14] *Schönke/Schröder*, § 64, Rdnr. 8; LK, § 64, Anm. 3; RGSt 48, 195.

Soweit ersichtlich, ist Schwarz[15] der einzige, der das Verfahren gegen den Angeklagten fortführen will, wenn die behauptete Rücknahme des Strafantrags nicht geklärt werden kann. Er unterscheidet bei allen Prozeßvoraussetzungen zwischen Umständen, die sich organisch aus der Straftat entwickeln, und solchen, die sich als von außen kommende Ereignisse darstellen. So läßt er es dem Angeklagten bald zum Nachteil ausschlagen, bald zum Vorteil gereichen, wenn sich ein Prozeßhindernis oder eine Prozeßvoraussetzung nicht erweisen läßt, je nachdem, ob es sich dabei um ein von außen kommendes Ereignis besonderer Art handelt oder um eines, das „aus dem Innern der Tat erwächst". So wird die Verjährung als ein Prozeßhindernis bezeichnet, das aus dem Innern der Tat erwächst, weil sie aus der Tat quelle und sich als deren Fortentwicklung darstelle. „Sie ist keine außergewöhnliche, sondern eine ausnahmslos sich aus jedem Delikt unmittelbar nach dessen Verübung ergebende Folge[16]." Demgegenüber wertet Schwarz z. B. Amnestie und res judicata als ungewöhnliche Ereignisse, die „von außen her" die Strafbarkeit der strafbaren Tat beseitigen. Sie seien Umstände, die von außen her hinzutreten, nicht sich aus der Tat ergeben[17]. Auch die Rücknahme des Strafantrags wird von Schwarz als ein von außen kommendes Ereignis bezeichnet.

Die Unterscheidung zwischen von außen kommenden und sich aus der Straftat organisch entwickelnden Umständen ist nicht zwingend. Es ist nicht ersichtlich, woraus die innere Berechtigung zu einer derartigen Differenzierung hergeleitet werden könnte, zumal bei einer jeden Prozeßvoraussetzung, wenn sie zweifelhaft ist, die Gefahr einer unrichtigen Entscheidung und damit die Gefahr ungesetzlichen Strafens bestünde, einerlei, ob die Prozeßvoraussetzung eng mit den tatbestandlichen Voraussetzungen verknüpft ist oder ob sie gewissermaßen von außen an den Tatbestand herantritt. Die Unterscheidung ist darüber hinaus auch in sich nicht schlüssig. Wenn Schwarz die Gewißheit von der Rücknahme des Strafantrags fordert, Zweifel also zum Nachteil des Angeklagten wirken läßt, weil die Rücknahme ein von außen kommendes Ereignis sei, so ist nicht einzusehen, warum für den Strafantrag selber, obwohl man ihn doch auch als ein von außen kommendes Ereignis bezeichnen muß, die gegenteilige Auffassung vertreten wird, Zweifel wirkten zugunsten des Angeklagten[18]. § 61 StGB, auf dessen Wortlaut Schwarz sich offenbar beziehen will, sagt nichts darüber aus, daß die Stellung des Strafantrags zur Gewißheit des Richters feststehen müsse[19]. Aus der Formulie-

---

[15] NJW 50, 125.

[16] Ebd., S. 125.

[17] Ebd., S. 125.

[18] Vgl. auch *Stree*, in dubio pro reo, S. 62.

[19] Vgl. oben B 1. Abschn. I.

rung „ist nicht zu verfolgen, wenn ...“ ließe sich ebenso ableiten, daß nur dann nicht verfolgt werden dürfe, wenn feststeht, daß der Berechtigte es unterlassen hat, den Antrag rechtzeitig zu stellen.

(2) Die herrschende Auffassung

Als einziger begründet Stree ausführlich die herrschende gegenteilige Auffassung, daß eine zweifelhafte Rücknahme des Strafantrags dem Angeklagten zugute kommen müsse[20]. Seiner Ansicht nach wäre das Verlangen einer zweifelsfreien Rücknahme des Strafantrags durchaus zu billigen, wenn lediglich unmittelbare Interessen des Antragsberechtigten auf dem Spiele stünden. Mittelbare nachteilige Folgen in Gestalt des Prozeßfortgangs müsse der Täter dann auf sich nehmen, da er keinen schutzwürdigen Anspruch darauf habe, aus den Interessen seines Opfers Kapital zu schlagen. Daneben stellt Stree aber auch auf die Interessen des Angeklagten ab und kommt so zu einer Zweifelsregelung zugunsten des Angeklagten. Aus der spezifischen Eigenheit derjenigen Delikte, die ein Rücknahmerecht gewähren, folgert er, daß in diesen Fällen die Strafe als Instrument zum Schutze der Rechtsordnung entbehrlich sei, solange der Verletzte keine Genugtuung strafrechtlicher Art fordert bzw. weiter darauf besteht. Da nur eine zur Wahrung der Gemeinschaftsbelange notwendige Strafe gerechtfertigt sei, erleide der Täter, der ohne Notwendigkeit bestraft werde, eine Einbuße, die von Gerechtigkeitsprinzipien nicht mehr getragen werde. Ihm werde nicht mehr das zugemessen, was ihm gerade als Teil der Gemeinschaft für sein verfehltes Verhalten zukomme. Von dieser Warte aus sieht Stree unmittelbare Berührungspunkte zwischen dem Strafantragserfordernis einschließlich der Rücknahmebefugnis und den Belangen des Täters. Die von einem bis zur Verurteilung aufrechterhaltenen Strafbegehren abhängige Zulässigkeit der Strafverfolgung sei eng mit Gerechtigkeitserfordernissen verknüpft. Da auch den verfahrensrechtlichen Regelungen die Aufgabe zufalle, die Gerechtigkeit in der sozialen Wirklichkeit wahr zu machen und dem Beschuldigten (nur) das zu geben, was ihm als sozialgebundenem Wesen gebühre, sei ein Strafausspruch ohne das erforderliche Strafverlangen letzten Endes ein ebenso ungerechter Akt wie etwa eine Verurteilung wegen eines verwerflichen, aber keiner Strafnorm unterfallenden Verhaltens. Bestandteil der Gerechtigkeit sei gemäß dieser Prämisse aber nicht nur das Unterbleiben einer unzulässigen Bestrafung, sondern gleichfalls die Vermeidung einer etwaigen unzulässigen Verurteilung.

Man mag der Prämisse Strees folgen, seine Schlußfolgerung wird man indes nicht akzeptieren können. Es ist nämlich gerade ungewiß, ob der Verletzte „Genugtuung strafrechtlicher Art fordert bzw. darauf besteht“,

---

[20] In dubio pro reo, S. 62 f.

wenn nicht geklärt werden kann, ob der Strafantrag gestellt bzw. zurückgenommen ist. Auf die Frage, wie in dieser Zweifelssituation zu entscheiden ist, vermag auch die obige Prämisse keine Antwort zu geben, es sei denn, man unterstelle, daß sie die Notwendigkeit einer zweifelsfreien Rücknahme des Strafantrags impliziert. Das würde jedoch im Ergebnis bedeuten, daß man von der Bedeutung der Delikte im Rahmen der Gesamtheit der Straftatbestände auf die Art der Beweiswürdigung zurückschließt. Damit wird man jedoch den Antragsdelikten nicht gerecht. Auch der Täter einer nur auf Antrag zu verfolgenden Straftat macht sich schuldig. Seine Handlung bleibt Straftat, selbst wenn ein Antrag nicht gestellt wird[21]. Die staatliche Strafgewalt zieht ihn daher zur Rechenschaft, sobald die Bedingung der Verfolgbarkeit, der Strafantrag, vorliegt.

Soweit Stree zur Begründung seiner Auffassung, der Strafantrag und seine Rücknahme seien gleich zu behandeln, auf Argumente aus dem sachlich-rechtlichen Bereich des § 304, Abs. 4 StGB zurückgreift, indem er einen vom Bayerischen Obersten Landesgericht entschiedenen Fall abwandelt, kann ihm ebenfalls nicht gefolgt werden. Die Entscheidung des Bayerischen Obersten Landesgerichts[22] hat mit der hier interessierenden Frage nichts zu tun. Sie hatte sich damit zu befassen, daß eine Angeklagte wegen Unterschlagung zum Nachteil eines mittlerweise verstorbenen Geschädigten verurteilt worden war. Das Gericht hatte die Einlassung der Angeklagten, sie sei mit dem Geschädigten verlobt gewesen, für zweifelhaft gehalten. Einen Strafantrag hatte der angebliche Verlobte nicht gestellt. Stree bildet den Fall dergestalt um, daß der angebliche Verlobte den Strafantrag stellt und diesen zurücknimmt, bevor das Urteil gesprochen wird. Das Gericht hatte unterlassen, das Verlöbnis näher zu untersuchen. Nach der Rücknahme des Strafantrags stirbt der angebliche Verlobte, so daß sich nicht mehr ermitteln läßt, ob ein rechtswirksames Verlöbnis bestanden hat.

Zutreffend hatte schon das Bayerische Oberste Landesgericht darauf hingewiesen, daß es hier nicht um die Frage gehe, ob der Strafantrag wirksam gestellt ist. Es sei vielmehr zu entscheiden, ob der Zweifel an dem Vorliegen jener Umstände, welche die Verwirklichung des gesetzlichen Tatbestandes zur Antragsstraftat machen, bewirkt, daß das Verfahren an einen Strafantrag des Verletzten gebunden ist. Dieser Gesichtspunkt gehöre aber dem sachlichen Strafrecht an, so daß folglich der Grundsatz in dubio pro reo ohne weiteres eingreife. Dieser Einwand gilt auch für den von Stree gebildeten Fall. Darüber hinaus erscheint es auch problematisch, aus Fallgestaltungen, die dem sachlichen Strafrecht

[21] *Dreher,* § 61, Anm. 1; *Olshausen,* § 61, Anm. 1; RGSt 59, 200; BGH NJW 54, 1413; OLG Bamberg HESt 2, 215.

[22] NJW 61, 1222 = MDR 61, 873.

angehören, Schlüsse auf die Verfahrensweise bei Prozeßvoraussetzungen ziehen zu wollen. Es wäre dann nämlich wiederum erst zu prüfen, ob Grundsätze, die für die Anwendung der Regel in dubio pro reo im sachlichen Strafrecht gelten, uneingeschränkt auf das Verfahrensrecht übertragen werden können.

b) Verjährung

In der Frage, wie bei zweifelhafter Verjährung zu entscheiden ist, nähern sich die Standpunkte vor allem seit dem Beschluß des Bundesgerichtshofs vom 19. Februar 1963 — 1 StR 318/62 —[23], auf den später noch einzugehen sein wird, immer mehr zugunsten der Anwendbarkeit des Grundsatzes in dubio pro reo an. Dieses Ergebnis wird indes sehr unterschiedlich begründet. Vereinzelt wird eine Zweifelsregelung „zugunsten des Angeklagten" auch heute noch abgelehnt.

aa) Literatur

Ursprünglich vertrat die Literatur die Auffassung, daß im Zweifelsfalle bei der Verjährung gegen den Angeklagten zu entscheiden sei, weil dem Angeklagten die Beweislast für solche Umstände obliege, die von seiner Seite geltend gemacht werden und die Strafbarkeit aufheben oder die Strafverfolgung verhindern[24]. Diese Auffassung ist bald auf Ablehnung gestoßen[25]. Abgesehen davon, daß sie die Verjährung den Strafaufhebungsgründen zurechnete und damit der heute als überholt geltenden materiell-rechtlichen Theorie[26] folgt, läßt sie sich von einem zivilprozessualen Denken leiten, das heute als überwunden betrachtet werden muß. Mit Recht führt v. Hippel gegen sie an, daß von dem materiell-rechtlichen Begriff des Strafaufhebungsgrundes unzutreffend auf den Prozeß geschlossen worden sei[27].

Eine ablehnende Haltung nimmt auch heute noch Sarstedt ein. Es sei gar kein sachlicher Grund einzusehen, aus dem der unzweifelhaft Schuldige die Wohltat des Zweifels genießen müßte. Insbesondere bilde die Rechtssicherheit keinen solchen Grund, denn die Rechtssicherheit des zweifellos Schuldigen, dessen Tat nur vielleicht verjährt ist, bedeute wenig gegenüber der Gerechtigkeit[28].

---

[23] BGHSt 18, 274 ff. = JZ 63, 605 ff. = MDR 63, 855 ff. = NJW 63, 1209 f.

[24] *Ullmann*, S. 333; *v. Kries*, S. 342.

[25] *Rosenfeld*, S. 158.

[26] Für den prozessualen Charakter der Verjährung z. B. RGSt 76, 160; BGHSt 2, 306; 8, 270; NJW 52, 271; *Schönke/Schröder*, § 66, Rdnr. 3.

[27] Strafprozeß, S. 385.

[28] Revision, S. 246; *Jagusch* in LK § 66 Anm. 2 f jetzt ebenfalls unter Aufgabe der bisherigen Auffassung.

Offenkundig versteht Sarstedt unter Gerechtigkeit hier nur die materielle Gerechtigkeit, also die Übereinstimmung der Entscheidung mit der materiellen Rechtslage. Der Täter soll das erhalten, was ihm materiell zusteht. Dabei berücksichtigt Sarstedt freilich nicht, daß die Gerechtigkeit auch einen verfahrensrechtlichen Aspekt hat, den man mit Sax[29] als „gerechte Justizgewährung" bezeichnen könnte. Es hätte daher gleichzeitig gefragt werden müssen, ob es auch prozessual gerecht ist, trotz Zweifels über das Vorliegen der Verjährungsvoraussetzungen den Angeklagten zu bestrafen. Indem Sarstedt die materielle Gerechtigkeit stillschweigend als absoluten Wert behandelt, setzt er eine Rangfolge von Werten als bestehend voraus, ohne darzutun, welche Maßstäbe diese Wertordnung rechtfertigen. Einen Grundsatz, wonach das eine rechtsstaatliche Prinzip von vornherein geringer zu bewerten wäre als das andere, gibt es nicht. Wenn sich auf der einen Seite das Gebot gerechter Justizgewährung, auf der anderen Seite die Forderung nach materieller Gerechtigkeit gegenüberstehen, so ließe sich durchaus auch vertreten, es entspreche dem Wesen rechtsstaatlichen Denkens immer noch eher, auf eine der materiellen Rechtslage entsprechende Entscheidung zu verzichten, als sie unter Verletzung der Pflicht zur „gerechten Justizgewährung" herbeizuführen.

Auch Sax[30] fordert, daß der Fristablauf zweifelsfrei feststehen müsse. Für ihn ist allein der Gesichtspunkt der „gerechten Justizgewährung" maßgebend, weshalb im Einzelfall besonders zu prüfen sei, welche Funktion der jeweiligen Prozeßvoraussetzung oder dem jeweiligen Prozeßhindernis im Rahmen dieser Forderung nach gerechter Justizgewährung zukomme. Dabei unterscheidet Sax danach, wann ein Verfahren überhaupt erst zulässig *ist* und wann es unzulässig *wird*[31].

Mit dieser Unterscheidung ist indes nichts gewonnen. Sie erscheint als ein Schema, in das die einzelnen Prozeßvoraussetzungen und Prozeßhindernisse hineingezwängt werden, ohne daß dies durch eben jene besondere Prüfung gerechtfertigt wäre. Das wird gerade am Beispiel der Verjährung deutlich, wenn Sax argumentiert, der „Verzicht" auf den „Strafanspruch" könne dem (möglicherweise) Schuldigen erst zugute kommen, wenn der Fristablauf und damit der „Verzicht" zweifelsfrei feststehe. Es spricht nichts dafür, daß sich diese Konsequenz unabweislich aus der Prüfung der besonderen Funktion, die der Verjährung im Rahmen des Strafrechts zukommt, ergeben soll. Die staatliche Gewalt kann ebensogut auch schon dann auf den „Strafanspruch verzichten", wenn die Gefahr besteht, daß der Angeklagte sonst möglicherweise für eine verjährte Tat zur Rechenschaft gezogen wird.

---

29 In JZ 58, 179.
30 In *KMR-Kommentar*, Vorbem. 1 f (3) cc (2) a.
31 Ebd., Vorbem. 1 f cc (2) a und b.

Bezeichnend für die Zweifelhaftigkeit dieser Argumentation ist, daß Sax wesentlich auf die gerechte Justizgewährung abstellt und im Ergebnis doch gerade in Kauf nimmt, daß der Angeklagte verurteilt wird, obwohl seine Tat vielleicht schon verjährt ist.

Im übrigen setzt sich in der Literatur die Auffassung durch, daß Zweifel über den Eintritt der Verjährung dem Angeklagten zugute kommen[32].

Dabei trifft Kern[33] den Grundtenor fast aller Begründungen, wenn er erklärt, bei Zweifeln über den Eintritt der Verjährung dürfe nach „allgemeinen rechtsstaatlichen Grundsätzen" kein Strafverfahren durchgeführt werden. Damit gelangt man freilich zu einem schon bekannten Ausgangspunkt. Die „rechtsstaatlichen Grundsätze" besagen für sich genommen für unser Problem noch gar nichts.

Auch Eberhard Schmidt hält die Anwendung des Grundsatzes in dubio pro reo aus dem Gedanken der Rechtsstaatlichkeit für geboten[34]. Er konkretisiert jedoch dahingehend, daß es um die Rechtsstaatlichkeit der Rechtspflege gehe. Offensichtlich in Anspielung auf Sarstedt argumentiert er genau umgekehrt, es handle sich nicht um die Frage, ob man einen „unzweifelhaft Schuldigen" eine Rechtswohltat genießen lassen wolle, sondern um die Frage, ob der zu zweifelsfreier Schuldfeststellung führende Prozeß überhaupt zulässig gewesen sei, ob es also zulässig gewesen sei, trotz bloßer Möglichkeit des Vorliegens des Verfahrenshindernisses der Verjährung den die Unschuldsvermutung des Artikels 6 II. Menschenrechtskonvention beseitigenden Urteilsspruch zu gewinnen. In Frage stehe also die Justizförmigkeit des Verfahrens überhaupt und damit die Rechtsstaatlichkeit in einem ganz entscheidenden Bezuge[35].

Mit der „Justizförmigkeit des Verfahrens überhaupt" begegnet uns erneut, was Sax als „gerechte Justizgewährung" bezeichnet, wobei freilich seltsamerweise Schmidt zu einem anderen Ergebnis gelangt als Sax. Gerade die Kuriosität, daß mit derselben Begründung bei derselben Prozeßvoraussetzung verschiedene Ergebnisse vertreten werden, beweist, daß mit dem Hinweis auf das gerechte Verfahren allein noch nichts gewonnen ist. Es ist eben im Zweifelsfalle gerade ungewiß, wann das Verfahren gerecht ist. Es kann gerecht, es kann aber auch ungerecht sein, für oder gegen die Einstellung des Verfahrens zu entscheiden.

Der Gedanke der Rechtssicherheit spielt auch bei Stree eine Rolle[36]. Der Rechtsbrecher, so heißt es dort, dürfe nicht dauernd unter dem

---

[32] Für die ältere Literatur schon *Olshausen*, § 66, Anm. 10; *v. Bar III*, S. 400; *Risch*, ZStW 9, 268; Binding, Handbuch I, S. 843; *Rosenfeld*, S. 158.

[33] JZ 58, 373 und *Kern/Roxin*, S. 70 („Rechtsstaatsprinzip").

[34] Lehrkommentar I, Rdnr. 198 mit Fußnote 350.

[35] Anm. zu BGH JZ 63, 605 in JZ 63, 606.

[36] In dubio pro reo, S. 65 f.

Druck leben, für sein Fehlverhalten Rechenschaft ablegen zu müssen. Mit Ablauf einer gewissen Zeit, nach der über seine Tat Gras gewachsen und sie der Vergangenheit anheimgefallen sei, müsse er sich wieder völlig frei und unbelastet bewegen dürfen. Die Rechtssicherheitsbelange könnten nun keineswegs von einer erwiesenen Verjährung abhängen. Der Gestrauchelte müsse darauf bauen können, daß er selbst dann nicht mehr strafgerichtlich belangt wird, wenn seine strafbare Handlung tatsächlich verjährt ist, ohne daß sich dies beweisen läßt. Sonst stünde er oftmals trotz der eingetretenen Verjährung unter Druck, weil unsicher ist, ob sich das Gericht Gewißheit über die genaue Tatzeit verschaffen kann.

Dieser subjektiv aus dem Denken des Angeklagten heraus verstandene Begriff der Rechtssicherheit vermag in diesem Zusammenhang nicht zu überzeugen. Ganz richtig weist Stree selber darauf hin, daß die Zeitspanne, innerhalb derer die Tat begangen sein kann, im allgemeinen kurz sein wird[37]. Sie wird vielfach nur Tage, allenfalls einige Wochen umfassen. Wenn nun nicht mehr festzustellen ist, wann der Angeklagte eigentlich seine strafbare Handlung begangen hat, und nur feststeht, daß sie in die Nähe des für den Verjährungsbeginn maßgeblichen Zeitpunkts fällt, dann ist nicht recht einzusehen, mit welcher Berechtigung der Angeklagte sich frei von Druck soll fühlen können, solange der Eintritt der Verjährung nicht feststeht. Psychologisch dürfte es doch gerade so sein, daß der Täter die Angst vor Strafe so lange mit sich herumträgt, bis er positiv weiß, daß er dem Spruch des Richters durch den Eintritt der Verjährung entronnen ist. Warum sollte diese psychologische Situation vom Recht nicht auch als „gerecht" anerkannt werden?

Rechtssicherheit, so meint Stree[38] weiter, bedeute nach den vom Bundesverfassungsgericht[39] aufgestellten Grundsätzen überdies Vertrauensschutz. Der einzelne solle sich bei der Gestaltung seines Lebens innerhalb der Rechtsgemeinschaft darauf verlassen dürfen, daß er staatlichen Eingriffen nur soweit ausgesetzt ist, wie die Rechtsordnung vorsieht. Nach ihr sei der Rechtsbrecher binnen bestimmter Fristen strafrechtlich zur Verantwortung zu ziehen. Das Vertrauen auf diese Rechtslage würde verloren gehen, dürfte der Strafrichter bei zweifelhaftem Fristablauf gegen den Übeltäter einschreiten.

Allerdings ist auch der Schutz des Vertrauens des einzelnen Bestandteil der Rechtssicherheit. Es fragt sich nur, ob dieser Vertrauensschutz beinhaltet, der Angeklagte müsse Gewißheit haben, daß Zweifel hinsichtlich der Verjährung, um eine mögliche ungerechte Bestrafung zu

---

[37] Ebd., S. 66.

[38] Ebd., S. 66.

[39] BVerfG NJW 62, 291.

vermeiden, in jedem Falle zur Einstellung des Verfahrens führen. Vertrauensschutz besagt nur, daß der einzelne darauf vertrauen darf, den Gesetzen gemäß zur Rechenschaft gezogen zu werden, also keine ungesetzliche Strafe erleiden zu müssen. Den Gesetzen gemäß wäre aber auch eine Bestrafung trotz zweifelhafter Prozeßvoraussetzungen, wenn ein Satz des Inhalts bestünde, daß Zweifel in bezug auf das Vorliegen von Prozeßvoraussetzungen oder Prozeßhindernissen zu Ungunsten des Angeklagten zu werten sind. Ob ein derartiger Satz besteht, soll aber gerade erst festgestellt werden. Der Grundsatz des Vertrauensschutzes scheint daher kein geeignetes Argument zur Lösung unseres Problems zu sein, weil es erst vom Ergebnis der Prüfung unserer Frage abhängt, ob im Falle eines non liquet eine Verurteilung noch im Einklang mit den Gesetzen steht.

Nun meint Stree allerdings, irgendwelche übergeordnete Interessen, die auf Verwirklichung des Strafanspruchs drängten, seien nicht ersichtlich. Die Verbrechensbekämpfung erleide keinen nennenswerten Schaden, wenn Straftaten, die möglicherweise verjährt sind, ungeahndet blieben.

Diese Auffassung muß im Zusammenhang mit Strees Hauptargument gesehen werden, daß es gerade Gerechtigkeitserwägungen seien, wobei offenkundig nur die materielle Gerechtigkeit gemeint ist, die im Falle zweifelhafter Verjährung eine Bestrafung verbieten. Da nach Verstreichen einer gewissen Zeit das Bedürfnis der Gemeinschaft an der Ahndung der Straftat entfalle, könne die Gerechtigkeit kaum erheischen, den Schuldigen noch zu verfolgen, wenn der Eintritt der Verjährung ungewiß ist. Die Strafe sei nämlich zum Wohle der Allgemeinheit nicht mehr notwendig, sie habe ihren Sinn, den Rechtsfrieden wieder herzustellen, verloren und sei daher nicht mehr der gerechte Ausgleich für die zurückliegende Störung des Rechtsfriedens. Mit den Erfordernissen gerechten Strafens sei es daher unvereinbar, den Täter mit einem Strafmakel zu belegen, obwohl seine Tat schon verjährt ist und somit möglicherweise ein Strafbedürfnis fehlt.

Es will scheinen, als ob Stree hier das Bild von dem sich mehr und mehr abschwächenden Strafbedürfnis zu schematisch durchgezeichnet habe. Es ist ihm zwar darin zuzustimmen, daß die Verjährung ihren gesetzgeberischen Grund zumindest auch in dem nachlassenden Strafbedürfnis hat[40]. Daraus kann aber nicht gefolgert werden, daß eine Strafe um so ungerechter würde, je näher sie dem Verjährungszeitpunkt gerückt ist, so daß es schließlich gewissermaßen kaum noch darauf ankomme, ob die Tat überhaupt schon verjährt ist. Jede Strafe, die

---

[40] Vgl. *Peters*, Strafprozeß, S. 74; *Schönke/Schröder*, § 66, Rdnr. 3; *Lorenz*, S. 91 ff.

verhängt werden kann, ist gleich gerecht, und sei es, daß die die Verjährung unterbrechende richterliche Handlung am letzten Tag vor Ablauf der Verjährungsfrist vorgenommen wurde. Es besteht also durchaus auch die Möglichkeit, daß der Täter, sollte die Tat in Wirklichkeit noch nicht verjährt sein, seine Strafe mit vollem Recht empfängt. Dann ist nicht einzusehen, warum es von vornherein aus Gerechtigkeitsgründen unvertretbar sein soll, einen Täter noch zur Rechenschaft zu ziehen, obwohl nicht aufgeklärt werden kann, ob die Verjährung bereits eingetreten ist. Ebensowenig will dann der Satz einleuchten, daß die Verbrechensbekämpfung keinen nennenswerten Schaden erleide, wenn die Straftat ungeahndet bleibt.

Dreher[41] will die Lösung des Problems davon abhängig machen, welcher Theorie zur Rechtsnatur der Verjährung man folgt. Gehe man von der materiell-rechtlichen und der gemischten Theorie aus, so gelange man zur Anwendung des Grundsatzes in dubio pro reo. In diesen Fällen würde bei einer Entscheidung zu Lasten des Angeklagten trotz Zweifels über die eingetretene Verjährung ein staatlicher Strafanspruch geltend gemacht, der vielleicht gar nicht mehr bestehe. Hier erhöbe sich sofort der Verdacht ungesetzlichen Strafens, und das Vertrauen in die Gesetzmäßigkeit der Strafrechtspflege könne eine Einbuße erleiden. Es stünde fest, daß man dem Täter möglicherweise Unrecht tue. Anders sei es, falls man der verfahrensrechtlichen Theorie folge, bei der die Beweisvergänglichkeit der alleinige Grund sei, die Strafverfolgungsverjährung anzuerkennen[42]. Für diese Theorie blieben Strafanspruch und Strafbedürfnis bestehen; lediglich wegen der Tatsache, daß erfahrungsgemäß nach Ablauf bestimmter Zeit mit den Beweismitteln nichts mehr anzufangen sei, werde auf die Durchführung eines Prozesses verzichtet. Von dieser Grundlage her erscheine es durchaus folgerichtig, wenn man erst dann auf den Prozeß verzichte, wenn mit Sicherheit feststeht, daß der Zeitpunkt, für den das Gesetz generalisierend die verfahrenshindernde Beweisschrumpfung annehme, auch wirklich eingetreten sei. Zweifel könnten hier getrost zu Lasten des Angeklagten gehen, denn man tue ihm kein Unrecht. Ihm sei keine Rechtsposition eingeräumt, die man beeinträchtigen könnte.

Diese Unterscheidung ist nicht zwingend. Drehers Auffassung zur verfahrensrechtlichen Theorie berücksichtigt nicht, daß eine Verurteilung bei Ungewißheit über den Eintritt der Verjährung, falls die Verjährung in Wirklichkeit schon eingetreten sein sollte, objektiv Unrecht ist. Der Verdacht ungesetzlichen Strafens, der das Vertrauen in die Strafrechtspflege beeinträchtigen soll, könnte hier nicht anders als bei

---

41 Anm. zu BGH MDR 63, 855 ff. in MDR 63, 857.

42 Vgl. insbesondere *Binding*, Handbuch I, S. 823 f.

der Anwendung der gemischten Theorie entstehen. Ob dem Angeklagten mit den Verjährungsvorschriften eine Rechtsposition eingeräumt werden sollte, kann dabei nicht von Bedeutung sein. Entscheidend ist, daß — unabhängig von ihrem gesetzgeberischen Grund — die gesetzlichen Bestimmungen eingehalten werden müssen, wenn die Gesetzmäßigkeit des Verfahrens gewahrt sein soll. Auch wenn die Verjährungsvorschriften nur der Erfahrungstatsache Rechnung tragen sollten, daß nach Ablauf bestimmter Zeiträume die Beweisführung erschwert ist, so reflektieren sie doch auf den Angeklagten das Recht, auch nur innerhalb dieser Fristen zur Rechenschaft gezogen zu werden. Das dürfte in einer Zweifelssituation nicht unberücksichtigt bleiben.

Im übrigen ist Drehers Argumentation deutlich von der Auffassung Strees beeinflußt, wenn die Gefahr des Vertrauensschwunds in die Strafrechtspflege ins Feld geführt wird. Es gelten insoweit also die gleichen Bedenken, die schon der Begründung Strees entgegengesetzt wurden.

Unhaltbar erscheint die Lösung von Schwarz[43], der bekanntlich[44] die Anwendbarkeit des Grundsatzes in dubio pro reo auf die allgemeinen Prozeßvoraussetzungen davon abhängig macht, ob die Prozeßvoraussetzung zum Delikt selber in loser oder in enger Verbindung steht. Die Verjährung komme nicht von außen her. Sie quelle aus der Tat und stelle sich als deren Fortentwicklung dar, sie sei keine außergewöhnliche, sondern sich ausnahmslos aus jedem Delikt unmittelbar nach dessen Verübung ergebende Folge.

Es ist nicht einleuchtend, warum schon die bloße Eigenart der Verjährung als aus der Tat selber quellendes Ereignis, unbeeinflußt von sonstigen Erwägungen, darüber entscheiden soll, ob der Satz in dubio pro reo zur Anwendung gelangt. Auch die enge Verknüpfung der Verjährung mit dem Delikt führt sie nicht in die Nähe der materiellen Tatumstände, für die die Anwendung des Grundsatzes in dubio pro reo unproblematisch ist.

bb) Rechtsprechung

(1) Die frühere Auffassung

Die Rechtsprechung vertrat früher ausnahmslos die Auffassung, der Eintritt der Verjährung müsse zur Überzeugung des Richters feststehen. Diese Ansicht ist vielfach einer Begründung nicht einmal für wert erachtet worden. So wird in der unveröffentlichten Entscheidung des

---

[43] NJW 50, 125.

[44] Vgl. oben B 1. Abschn. II. 2. a) bb) (1).

Bundesgerichtshofs vom 24. Mai 1955 — 5 StR 157/55 —[45] bezeichnenderweise in einem Nebensatz ausgeführt, da für die Frage, ob eine Handlung verjährt ist, nicht der Satz gelte, daß im Zweifel für den Angeklagten zu entscheiden sei, vielmehr feststehen müsse, daß die Handlung verjährt ist, wenn ein Prozeßhindernis angenommen werden solle, seien die Taten des Angeklagten noch verfolgbar.

In anderen Entscheidungen sind die geistigen Anleihen bei Sarstedt nicht zu übersehen[46].

(2) Die Wende in der Rechtsprechung des Bundesgerichtshofs

Die Wende in der Rechtsprechung zur Verjährung hat der Bundesgerichtshof mit seinem schon genannten Beschluß vom 19. Februar 1963 — 1 StR 318/62 —[47] vollzogen, dessen Leitsatz lautet: „Ist nicht feststellbar, wann die Tat begangen ist, so schlägt der Zweifel, ob sie verjährt ist, zugunsten des Angeklagten aus."

Der Bundesgerichtshof glaubt, in der neueren Rechtsprechung zur Anwendbarkeit des Grundsatzes in dubio pro reo den Ausdruck fortschreitender Entwicklung rechtsstaatlichen Denkens zu erkennen. Führe man den Gedanken weiter, so erscheine es nicht folgerecht, ihn zwar für das Strafrecht gelten zu lassen, das Strafverfahrensrecht aber schlechthin von ihm auszunehmen. Rechtsstaatlichkeit sei eine Forderung an die ganze Strafrechtspflege.

Der Bundesgerichtshof zieht dann die Grenzen des Anwendungsbereichs des Satzes in dubio pro reo nach der Gerechtigkeit und der Rechtssicherheit als den wesentlichen Merkmalen der Rechtsstaatlichkeit. Diese verböten eine schablonenhafte Antwort, die einheitlich gelten könnte, sondern verlangten eine den besonderen Umständen der Einzelfrage zugemessene Entscheidung. Die Verjährung, so erwägt der Bundesgerichtshof, sei eine Einrichtung im Grenzbereich zwischen Gerechtigkeit und Rechtssicherheit. Die Gerechtigkeit gebiete es, den Schuldigen sühnender Strafe zuzuführen, während die Rechtssicherheit nach Rechtsfrieden strebe. Werde dieser durch eine Straftat gestört, so diene es ihm, wenn die Gerechtigkeit durch Eingriff mit strafender Hand die Störung beseitige. Sei der Rechtsfrieden jedoch von selbst, durch heilenden Zeitablauf wieder eingekehrt und die Rechtsordnung wiederhergestellt, so habe der Eingriff der Staatsgewalt keinen Nutzen mehr. Er führe nur zu neuer Unruhe. Deshalb verbiete ihn das Gesetz. Strafende Gerechtigkeit sei ihm ein Mittel, Rechtssicherheit und Rechtsfrieden zu gewährleisten. Dieser Gedanke führe zur Abkehr von der

---

45 Wiedergegeben bei Dallinger in MDR 55, 527.

46 Vgl. z. B. OLG Düsseldorf NJW 57, 1485.

47 BGHSt 18, 274 ff. = JZ 63, 605 ff. mit Anm. von Eberhard Schmidt = MDR 63, 855 ff. mit Anm. von Dreher = NJW 63, 1209 f.

bisherigen Rechtsprechung. Gerechtigkeit und Rechtssicherheit stünden bei Ungewißheit, wann die Tat begangen ist, besser miteinander im Einklang, wenn sich das Verlangen nach Bestrafung des Schuldigen dem Anliegen unterordne, ihn nicht in möglicherweise — durch Verjährung — wiedererlangter Rechtssicherheit anzutasten, als wenn dieses Anliegen zurückgedrängt und dabei die etwaige Ungesetzlichkeit der Strafe in Kauf genommen werde. Ein Verdacht ungesetzlichen Strafens schade dem Vertrauen in die Rechtsstaatlichkeit der Strafrechtspflege mehr als es die Gerechtigkeit befriedige, wenn der Täter nach langer Zeit doch noch zur Rechenschaft gezogen wird. Das Gegenargument, es sei eine Forderung der Gerechtigkeit, daß der Schuldige gerechter Strafe nicht entkomme, läßt der Bundesgerichtshof nicht gelten, denn durch die Verjährung entgehe der Schuldige von Rechts wegen der Strafe. In diesem Zusammenhang taucht auch hier das Argument auf, daß das Sühnebedürfnis ohnehin um so geringer sei, je näher die Tatzeit in der Nähe der Verjährungsgrenze liege.

Die Entscheidung ist offenkundig von der Argumentation Strees bestimmt, denn nur bei Stree war uns die aus der Sicht des Angeklagten verstandene Auffassung des Begriffs Rechtssicherheit begegnet. Es gilt dann auch hier, daß bezweifelt werden muß, ob der Angeklagte tatsächlich in dem Bewußtsein wiedererlangter Rechtssicherheit soll leben dürfen, wenn ungewiß ist, ob die Tat bereits verjährt ist. In der schon erwähnten[48] unveröffentlichten Entscheidung des Bundesgerichtshofs vom 24. Mai 1955 stand lediglich fest, daß die Taten des Beschuldigten im März 1949 begangen worden waren; ungewiß war, an welchem Tage des März 1949 sie begangen worden waren. Die Verjährung dieser Handlungen war erstmals durch eine am 3. März 1954 getroffene Verfügung des Vorsitzenden der Strafkammer unterbrochen worden. Es ließ sich demnach nicht die Möglichkeit ausschließen, daß die Handlungen des Beschuldigten schon verjährt waren, falls sie nämlich in den ersten beiden Tagen des März 1949 begangen worden waren. Kam nun als Tatzeitpunkt nur ein Tag im März 1949 in Betracht, so spricht die überwiegende Wahrscheinlichkeit dafür, daß die Straftaten in den verbleibenden 29 Tagen des März 1949 verübt wurden. Soll dann der Täter sich schon in dem Gefühl der Sicherheit, nicht mehr belangt zu werden — denn das nur kann ja Rechtssicherheit in dem subjektivierten Sinn heißen; Stree spricht insoweit zutreffender von Rechtsruhe — bewegen dürfen nur auf die bloße Möglichkeit hin, daß die Tatzeit gerade auf die beiden ersten Märztage des Jahres 1949 fällt? Dafür gibt es keinen einleuchtenden Grund. Wer gegen das Gesetz verstoßen hat, muß und soll grundsätzlich befürchten, von der staatlichen Strafgewalt zur

---

[48] Vgl. oben unter (1).

Rechenschaft gezogen zu werden. Aus dieser Furcht kann ihn nur die Gewißheit befreien, daß Umstände eingetreten sind, die eine Bestrafung ausschließen. Vorher kann er allenfalls hoffen, die Frist zur Strafverfolgung werde schon abgelaufen sein. Eine bloße Hoffnung gewährt aber noch keine Rechtsruhe.

Auch der Gesichtspunkt des Vertrauensschutzes taucht in der Entscheidung des Bundesgerichtshofs in deutlicher Anlehnung an Stree auf. Es bestünden Bedenken, die Rechtssicherheit des einzelnen dadurch zu beeinträchtigen, daß ein Strafverfahren gegen ihn in Gang gebracht, fortgesetzt und durch Strafurteil abgeschlossen wird, ohne daß die Zulässigkeit des Verfahrens einwandfrei feststeht. Bleibe von Rechts wegen die Möglichkeit unberücksichtigt, daß dem Strafverfahren ein gesetzliches Hindernis entgegensteht, so könne das Vertrauen in die Gesetzmäßigkeit Einbuße erleiden, der allgemeine Rechtsfriede in Gefahr geraten.

Diese Argumente sind so deutlich von Stree entlehnt, daß an dieser Stelle auf die Bedenken verwiesen werden darf, die schon gegen Strees Begründung erhoben wurden[49].

c) ne bis in idem

Zweifel hinsichtlich einer vom Angeklagten behaupteten früheren Verurteilung werden, von einigen Ausnahmen abgesehen, vom neueren Schrifttum nach dem Grundsatz in dubio pro reo behandelt, während die Rechtsprechung mit einer besonders zu behandelnden Ausnahme Gewißheit darüber fordert, ob der Angeklagte bereits früher einmal abgeurteilt wurde.

aa) Rechtsprechung

(1) Die herrschende Meinung:
Gewißheit über die frühere Aburteilung

Die bekannteste Entscheidung zu dieser Problematik dürfte die des Obersten Gerichtshofs für die Britische Zone vom 21. 12. 1948[50] sein. Der Angeklagte hatte behauptet, wegen der ihm vorgeworfenen Tötung von Juden bereits im Jahre 1940 im Strafbefehlsverfahren mit einer Geldstrafe von RM 20,— abgeurteilt worden zu sein. Über die Verurteilung ließen sich keine Feststellungen treffen. Der Oberste Gerichtshof hat die bloße Möglichkeit, daß in derselben Sache ein rechtskräftiges Urteil ergangen war, nicht genügen lassen und eine Anwendung des

[49] Vgl. oben B 1. Abschn. II. 2. b) aa).

[50] OGHSt 1, 203 = NJW 49, 556 mit Anm. von Reinicke.

Grundsatzes in dubio pro reo verneint. Der Grundsatz in dubio pro reo gelte nur für diejenigen Umstände, die dem Angeklagten nachzuweisen seien, wenn seine Verurteilung erfolgen solle, also für die Tatsachen, in denen die Merkmale des gesetzlichen Tatbestandes gefunden werden sollen, auch für Prozeßvoraussetzungen, nicht aber für Prozeßhindernisse, bei denen die Tatsache ihres Vorliegens zwar zu beachten sei, aber niemals der Nachweis, daß sie nicht vorliegen, zu führen sei.

Diese Entscheidung ist mit Recht allgemein auf Ablehnung gestoßen, weil sie eine durch nichts gerechtfertigte Unterscheidung zwischen Prozeßvoraussetzungen und Prozeßhindernissen vornimmt und an diese Unterscheidung auch noch prozessuale Folgerungen knüpft. Zutreffend wird darauf hingewiesen, daß es im Hinblick auf die rechtliche Bedeutung der Prozeßvoraussetzungen und Prozeßhindernisse eine reine Formulierungsfrage sei, ob man zwischen ihnen unterscheide oder schlechthin von Prozeßvoraussetzungen spreche[51].

Der Bundesgerichtshof schloß sich der Kritik an der Unterscheidung zwischen Prozeßvoraussetzungen und Prozeßhindernissen und ihrer unterschiedlichen Behandlung an[52], vertrat im übrigen aber auch die Auffassung, daß Prozeßhindernisse der Durchführung eines Verfahrens nur entgegenstehen könnten, wenn ihr Vorliegen erwiesen sei; dies gelte insbesondere für den vom Angeklagten geltend gemachten Einwand früherer rechtskräftiger Aburteilung. Solange sich über den Ausgang des früheren Strafverfahrens nichts ermitteln lasse, dürfe die Strafklage nicht als verbraucht behandelt werden. Eine Begründung für diese Auffassung gibt der Bundesgerichtshof nicht.

In diesem Zusammenhang wird gelegentlich auch die unveröffentlichte[53] Entscheidung des Bundesgerichtshofs vom 19. Februar 1954 — 2 StR 581/53 — genannt. Ihr lag zugrunde, daß ein im Ausland Verurteilter dort auch einen Teil seiner Strafe verbüßt hatte, später aber zur Verbüßung nach Deutschland verbracht und bei Kriegsende entlassen worden war. Im Jahre 1949 wurde er wegen derselben Delikte von einem deutschen Gericht erneut verurteilt. Er machte nunmehr geltend, durch die Verbringung nach Deutschland zur weiteren Strafverbüßung sei das Urteil des ausländischen Gerichts anerkannt und somit bei der Entlassung auf eine nochmalige Strafverfolgung durch deutsche Strafverfolgungsbehörden verzichtet worden. Die zweite Verurteilung verstoße daher gegen den Grundsatz ne bis in idem.

---

51 Vgl. *Sax*, JZ 58, 179; *Niese*, DRZ 49, 505 f.; *Reinicke*, NJW 49, 556; *Eb. Schmidt*, Lehrkommentar I, Nr. 198, Fußnote 350; *Seibert*, DRZ 49, 558; *Henkel*, 1. Aufl., § 70, IV, 3, Fußnote 37; *Peters*, Strafprozeß, S. 249; *KMR-Kommentar*, Vorbem. 1 f (3) cc (2) vor § 48.

52 Urteil vom 9. Oktober 1952 — 4 StR 124/51 — unveröff.

53 Mitgeteilt bei Herlan MDR 55, 527.

Ohne jede Begründung, auch ohne Bezugnahme auf andere Entscheidungen führt der Bundesgerichtshof dazu aus, ein Verzicht der Staatsanwaltschaft auf Verfolgung der Auslandsstraftat müsse zur Überzeugung des Gerichts feststehen, um die Fortführung des Verfahrens zu hindern. Dies sei nicht der Fall. Der Grundsatz in dubio pro reo sei nicht verkannt.

Es ist offenkundig, daß diese Entscheidung mit dem Problem der Beweiswürdigung bei zweifelhafter früherer Aburteilung gar nichts zu tun hat, weil nicht zweifelhaft ist, ob der Angeklagte früher schon einmal abgeurteilt worden ist. Vielmehr wird hier die Frage berührt, ob der Grundsatz in dubio pro reo im Prozeßrecht über die Prozeßvoraussetzungen hinaus gilt. Dies scheint der Bundesgerichtshof nicht erkannt oder aber der Diskussion nicht für wert erachtet zu haben.

(2) Die gegenteilige Auffassung des Bayerischen Obersten Landesgerichts

Eine der bisherigen Rechtsprechung genau entgegenstehende Auffassung vertritt das Bayerische Oberste Landesgericht in seinem Urteil vom 30. Juli 1968[54], in dem der Grundsatz „im Zweifel für den Angeklagten" für anwendbar erklärt wird, wenn sich nicht feststellen läßt, ob die Strafklage verbraucht ist. Die bisherigen Entscheidungen, so wird ausgeführt, seien durch den Beschluß des Bundesgerichtshofs vom 19. Februar 1963[55] überholt. Dieser gehe im Gegensatz zur früheren Rechtsprechung davon aus, daß eine für alle Prozeßvoraussetzungen und Verfahrenshindernisse einheitliche Lösung nicht möglich sei, vielmehr unter Berücksichtigung der Grundsätze der Gerechtigkeit und Rechtssicherheit eine den besonderen Umständen der Einzelfrage zugemessene Entscheidung zu ergehen habe.

Diese Ausführungen des Gerichts sind insofern unzutreffend, als die Rechtsprechung bekanntlich[56] stets den Standpunkt vertreten hat, eine allgemeine Regel des Inhalts, der Grundsatz in dubio pro reo sei bei zweifelhaften Prozeßvoraussetzungen und Verfahrenshindernissen anzuwenden, lasse sich nicht aufstellen.

Zur eigentlichen Problematik wird ausgeführt, die mit dem Rang eines Verfassungsgrundsatzes ausgestattete Verfahrensvorschrift des Art. 103, Abs. 3 GG verbiete die mehrmalige Verfolgung und Aburteilung. Diese Norm habe ihre Grundlage letztlich im Rechtsstaatsprinzip. Die materielle Gerechtigkeit wie auch das Gebot der Rechtssicherheit, also die beiden Grundlagen des Rechtsstaatsprinzips, stünden der

---

54 NJW 68, 2118 = JZ 69, 153 = JR 69, 32.

55 BGHSt 18, 274 = JZ 63, 605 ff. = MDR 63, 855 ff. = NJW 63, 1209 f.

56 Vgl. oben B. 1. Abschn. II 1 a).

Doppelbestrafung entgegen. Damit wäre auch nur die Möglichkeit mehrfacher Aburteilung wegen derselben Tat unvereinbar. Als kleineres Übel müsse, wenn nicht aufzuklären ist, ob die Strafklage schon verbraucht ist, in Kauf genommen werden, daß der Täter im Einzelfall einmal die gerechte Strafe nicht erleidet.

Diese Ausführungen sind zunächst in sich widersprüchlich. Auf der einen Seite sollen — offensichtlich in Anlehnung an Stree — sowohl materielle Gerechtigkeit als auch Rechtssicherheit der möglichen Doppelbestrafung entgegenstehen. Auf der anderen Seite soll es das kleinere Übel sein, wenn der Täter einmal nicht die gerechte Strafe erleidet. Dann würde es, materiell gesehen, also doch gerecht sein, den Täter zu bestrafen. Die materielle Gerechtigkeit wird nur um eines höheren Prinzips willen zurückgestellt. Dieses Prinzip hätte es dann herauszustellen gegolten.

Vor allem aber ist die Entscheidung des Bayerischen Obersten Landesgerichts falsch, weil sie ganz zu Unrecht das Problem der Anwendbarkeit des Grundsatzes in dubio pro reo auf Prozeßvoraussetzungen bemüht. Ihr lag zugrunde, daß der Angeklagte sich infolge Trunkenheit verschiedener Verkehrsdelikte schuldig gemacht hatte. Als er geraume Zeit später von Polizeibeamten zur Blutentnahme abgeholt werden sollte, leistete er Widerstand und verletzte einen Beamten. Diese letzteren Delikte wurden von dem zuständigen Gericht als einheitliches Vergehen des Vollrausches gewertet. Das Urteil wurde rechtskräftig. Im Strafverfahren zur Aburteilung der Verkehrsdelikte vor einem anderen Gericht machte der Angeklagte geltend, er sei schon während der Begehung der Verkehrsdelikte volltrunken gewesen, deshalb sei die Strafklage durch das rechtskräftige Urteil wegen eines Vergehens des Vollrausches verbraucht.

Das Bayerische Oberste Landesgericht kommt zu dem Ergebnis, das rechtskräftige Urteil stehe der Fortsetzung des anderen Verfahrens nicht entgegen, wenn der Angeklagte, wie er in beiden Tatsachenzügen behauptet hatte, zwischen den beiden Vorgängen nachgetrunken und dadurch erst die Volltrunkenheit herbeigeführt habe. Dagegen erstrecke sich die Rechtskraft der Verurteilung auf die begangenen Verkehrsverstöße, wenn kein Nachtrunk stattgefunden habe. Schließlich erwägt das Bayerische Oberste Landesgericht, daß, wenn ungewiß bliebe, ob ein Nachtrunk stattgefunden hat oder nicht, der darauf beruhende Zweifel, ob die Strafklage bezüglich der Verkehrsdelikte durch das spätere rechtskräftige Urteil verbraucht ist, zugunsten des Angeklagten ausschlagen müsse.

Es überrascht, daß das Bayerische Oberste Landesgericht bei einem so gestalteten Sachverhalt die Frage nach der Anwendbarkeit des Grundsatzes in dubio pro reo auf die allgemeinen Prozeßvoraussetzungen stellt, obwohl es selber hervorhebt, diese Zweifelsregelung müsse gelten „zumal, wenn, wie hier, die Entscheidung, ob die Strafklage schon verbraucht ist, von der Gestaltung des sachlich-rechtlich erheblichen Sachverhalts abhängt". Aus dieser Gestaltung des sachlich-rechtlichen Sachverhalts wären andere rechtliche Folgerungen zu ziehen gewesen. Hier ging es allein darum, ob der Angeklagte wegen der Verkehrsverstöße oder wegen Volltrunkenheit zu verurteilen war. Ließ sich nicht aufklären, ob der Angeklagte schon bei Begehung der Verkehrsdelikte volltrunken war, so wäre nach ganz allgemeinen Grundsätzen unter Heranziehung des Grundsatzes in dubio pro reo dahingehend zu entscheiden gewesen, daß er den Tatbestand der Volltrunkenheit verwirklicht hat. Wird aber der Tatbestand der Volltrunkenheit schon bei Begehung der Verkehrsdelikte als gegeben erachtet, so führt die schlichte Anwendung des Satzes ne bis in idem zur Einstellung des Verfahrens. Es war dann gar nicht zweifelhaft, ob der Angeklagte bereits einmal rechtskräftig wegen derselben Sache abgeurteilt wurde.

Der Fall liegt demnach nicht anders, als jener ebenfalls vom Bayerischen Obersten Landesgericht entschiedene, in dem die sachlich-rechtlichen Voraussetzungen des Verlöbnisses zweifelhaft waren[57]. Seinerzeit hatte das Bayerische Oberste Landesgericht richtig dahingehend entschieden, daß diese Frage mit der Anwendbarkeit des Grundsatzes in dubio pro reo auf die Prozeßvoraussetzungen überhaupt nichts zu tun habe.

bb) Literatur

(1) Das ältere Schrifttum

In der Literatur wird vor allem von jenen älteren Schriftstellern[58], die dem Beschuldigten „bezüglich seiner Einreden, z. B. bei denjenigen der örtlichen Unzuständigkeit, der Unzulässigkeit der Strafverfolgung wegen erfolgter Aburteilung und Verbüßung im Ausland und dergleichen"[59] eine materielle Beweislast auferlegen, die Ansicht vertreten, Zweifel bezüglich einer früheren Aburteilung gingen zu Lasten des Angeklagten.

Unter den modernen Schriftstellern ist es offenbar nur Schwarz, der mit seiner bereits bekannten Unterscheidung[60] zwischen Prozeßvoraus-

---

[57] NJW 61, 1222 = MDR 61, 873.

[58] Vgl. *v. Kries*, S. 342; *Ullmann*, S. 333; *Glaser*, Beiträge, S. 90 und Handbuch, I., S. 365.

[59] *v. Kries*, S. 342.

[60] NJW 50, 125.

setzungen, die als ungewöhnliche Ereignisse von außen her die Strafbarkeit der strafbaren Tat beseitigen, und solchen, die aus dem Innern der Tat erwachsen, den vollen Nachweis der res judicata fordert.

(2) Die vermittelnde Ansicht Sarstedts

Eine vermittelnde Ansicht vertritt Sarstedt[61], indem er unter gewissen Voraussetzungen Zweifel bezüglich einer früheren Aburteilung zum Nachteil des Angeklagten wertet. Anknüpfend an seine zur zweifelhaften Verjährung vertretene Ansicht, die Sicherheit des zweifellos Schuldigen bedeute wenig gegenüber der Gerechtigkeit[62], will er das Verfahren gegen den Angeklagten fortführen, wenn nicht aufgeklärt werden kann, ob ein früheres Verfahren gegen ihn stattgefunden hat, in dem er (fälschlich) freigesprochen wurde oder das (fälschlich) eingestellt worden ist.

Diese Auffassung berücksichtigt zum einen nicht Fälle wie den vom Obersten Gerichtshof für die Britische Zone entschiedenen[63], in dem — wenn überhaupt — zwar gestraft, offensichtlich aber ungerecht gestraft worden war. Zum anderen stimmt die Kühnheit bedenklich, mit der hier die mögliche frühere Entscheidung eines anderen Gerichts korrigiert werden soll[64].

Ob fälschlich freigesprochen worden ist, ist eine Frage, die von dem Ergebnis der Wertung des zweiten Richters abhängt. In manchen Fällen mag sie unzweifelhaft zu beantworten sein, in anderen Fällen wird man aber durchaus streiten können, ob die behauptete frühere Entscheidung als falsch zu bezeichnen ist. Dann wäre es mit der Würde und der Autorität der Gerichtsbarkeit aber schwerlich zu vereinbaren, wenn das zweite Gericht eine vom Angeklagten behauptete auf Freisprechung oder Einstellung lautende Entscheidung des ersten, vielleicht sogar höherrangigen Gerichts, zumal ohne nähere Kenntnis der Einzelheiten des ersten Verfahrens auf ihre Richtigkeit sollte nachprüfen und es vom Ergebnis dieser Prüfung abhängig machen dürfen, ob das Verfahren gegen den Angeklagten weitergeführt wird. Richtigerweise wird daher das zweite Gericht davon auszugehen haben, daß, wenn ein erstes Gericht tätig geworden sein sollte, die Entscheidung von der richterlichen Autorität getragen wäre und daher maßgeblich zu bleiben hätte.

Ferner ist zu berücksichtigen, daß jede Aburteilung zugunsten des Beschuldigten eine materielle Schutzwehr gegen ein nochmaliges Verfahren errichtet[65]. Sie verbraucht die Strafklage und löst damit das

---

61 Revision, S. 246.

62 Ebd., S. 246.

63 NJW 49, 556, vgl. oben B 1. Abschn. II. 2. c) aa) (1).

64 Gegen diese Auffassung z. B. auch *Sax* in *KMR-Kommentar*, Vorbem. 1 f (3) cc (2) a vor § 48.

zwischen dem einzelnen und dem Staat bestehende Strafrechtsverhältnis[66], unabhängig davon, ob das Verfahren in eine gerechte Strafe einmündet oder ob menschliche Unzulänglichkeit zu einem Ergebnis führt, das vom Gerechtigkeitsgefühl nicht gebilligt wird. Der Angeklagte, dem einmal der Prozeß gemacht worden ist, darf — das ist ein elementarer Grundsatz unserer Strafrechtsordnung — darauf vertrauen, daß es, sofern nicht eine Wiederaufnahme des Verfahrens in Betracht kommt, mit der diesen Prozeß abschließenden Entscheidung, wenn sie rechtskräftig geworden ist, ein für allemal sein Bewenden haben wird, einerlei, ob sie falsch oder richtig ist. Von diesem Grundsatz kann man nicht aus Erwägungen, die letztlich Billigkeitserwägungen sind, abweichen, um über eine zweifelhafte Prozeßvoraussetzung hinwegzukommen.

(3) Die herrschende Meinung im neueren Schrifttum

Das übrige Schrifttum wendet bei Zweifeln darüber, ob der Angeklagte wegen der zur Aburteilung stehenden Tat schon einmal zur Rechenschaft gezogen worden ist, den Grundsatz ne bis in idem an. Diese Auffassung wird jedoch nur sehr vereinzelt begründet. Kern[67] verweist auf allgemeine rechtsstaatliche Grundsätze, Sax[68] auf den für alle Grundrechte und grundrechtsähnlichen Garantien geltenden verfassungsrechtlichen Satz „in dubio pro libertate", ohne daß mit diesen Schlagworten Entscheidendes ausgesagt wäre. Schließlich wird auf den Gedanken der Justizförmigkeit des Verfahrens abgestellt[69]. Nähere Begründungen werden lediglich in den Anmerkungen von Niese und Reinicke zum Urteil des Obersten Gerichtshofs für die Britische Zone gegeben. Eingehend setzt sich nur Stree mit der Problematik auseinander.

Niese[70] meint, die Regel ne bis in idem sei ein so fundamentales Gebot rechtsstaatlicher Sicherung, daß es der Gesetzgeber nicht einmal in der StPO normiert habe. Es widerspreche der Würde dieses Gebots, wenn man es ausdrücklicher Normierung in einem Paragraphen für bedürftig hielte. Es sei nun bisher noch nie bestritten worden, daß das Gericht von sich aus Gewißheit darüber schaffen müsse, ob die prozessualen Voraussetzungen eines Sachurteils vorliegen, und daß auch dafür die

---

[65] So die h. M., vgl. BVerfGE 3, 251; RGSt in st. Rspr., vgl. z. B. RGSt 56, 166; 68, 19; 70, 30; 72, 102.

[66] *Reinicke*, NJW 49, 556; *Löwe/Rosenberg*, 21. Aufl., Anm. 22 d vor § 151 mit weiteren Literaturangaben; RGSt in st. Rspr., vgl. RGSt 41, 153.

[67] JZ 58, 373.

[68] In *KMR-Kommentar*, Vorbem. 1 f (3) cc (2) a vor § 48.

[69] *Eb. Schmidt*, Lehrkommentar I, Rdnr. 198, Fußnote 350 a. E.

[70] DRZ 49, 505 ff.

Beweisregel in dubio pro reo eingreife. Das sei so selbstverständlich, daß man darüber nur ganz vereinzelt Äußerungen finde. Wenn man die Prozeßvoraussetzungen nach ihrem inneren Gewicht abstufen wollte, so sei der Satz ne bis in idem gewiß einer der wichtigsten, und den Obersten Gerichtshof hätte das grobe Mißverhältnis bedenklich stimmen müssen, das entstehe, wenn man zwar vom Gericht z. B. verlange, daß es alle Zweifel hinsichtlich eines gültigen Strafantrags oder der Zuständigkeit aufzuklären habe, daß es aber die Zweifel darüber, ob die Tat bereits rechtskräftig abgeurteilt ist, auf sich beruhen lassen und den Angeklagten auch auf die Gefahr einer Doppelbestrafung verurteilen dürfe.

Abgesehen davon, daß nie unbestritten war, ob für die Prozeßvoraussetzungen der Satz in dubio pro reo eingreift, hat es auch den Anschein, als wolle Niese die Anwendbarkeit des Grundsatzes in dubio pro reo mit der Inquisitionsmaxime in Verbindung bringen. Dafür spricht schon, daß er den Satz als eine Beweisregel bezeichnet. Dieser Ausgangspunkt ist indes verfehlt. Aus der amtlichen Untersuchungspflicht läßt sich die Frage, wie bei Zweifeln zu verfahren ist, nicht beantworten. Sie bestimmt nämlich nur, wie das Gericht sich die Erkenntnisquellen als Grundlage seiner Entscheidung zu erschließen hat. Die Frage, wie zu entscheiden ist, wenn solche Erkenntnisquellen nicht zur Verfügung stehen, muß davon scharf getrennt werden[71].

Auch der Hinweis auf das unterschiedliche „innere Gewicht" zwischen dem Satz ne bis in indem und z. B. der Prozeßvoraussetzung des Strafantrags überzeugt nicht[72]. Ein solches unterschiedliches inneres Gewicht gibt es in Wahrheit nicht. Alle Zulässigkeitsvoraussetzungen sind vielmehr gleichrangig, sie machen, wenn sie vorliegen, als positive Zulässigkeitsvoraussetzungen ein Verfahren zulässig, als negative Zulässigkeitsvoraussetzungen unzulässig. Dabei kann es schon rein logisch eine Differenzierung nach gewichtigeren oder weniger gewichtigen Zulässigkeitsvoraussetzungen nicht geben.

Wie wenig der Hinweis Nieses auf das „innere Gewicht" des Grundsatzes ne bis in idem im Verhältnis zu anderen Prozeßvoraussetzungen bzw. -hindernissen verfängt, zeigt sich im übrigen gerade gegenüber dem von ihm selber als Vergleich angezogenen Beispiel des Strafantrags. Das Verbot der Doppelbestrafung hat heute zwar Verfassungsrang[73]. Auf der anderen Seite stellt es jedoch nur die Positivierung eines allgemeinen ungeschriebenen Rechtsgrundsatzes dar, dessen Wurzeln im

---

[71] So auch die Kritik Strees am Urteil RGSt 65, 250, vgl. oben B 1. Abschn. II. 1. a).

[72] Zustimmend aber *Stree*, in dubio pro reo, S. 57, Fußnote 15.

[73] BVerfGE 3, 252.

Rechtsstaatsprinzip liegen[74]. Demgemäß wirft Art. 103, Abs. 3 GG auch keine eigene verfassungsrechtliche Problematik auf[75], sondern nimmt auf den bei Inkrafttreten des Grundgesetzes geltenden Stand des Prozeßrechts und seine Auslegung durch die herrschende Rechtsprechung Bezug[76]. Um nichts anderes, als einen im Rechtsstaatsprinzip wurzelnden Rechtsgrundsatz handelt es sich jedoch auch bei dem Verbot einer Bestrafung ohne Strafantrag, wenn ein Strafantrag erforderlich ist. Art. 20, Abs. 3 GG bindet nämlich die drei staatlichen Gewalten an den Grundsatz der Gesetzmäßigkeit. Das bedeutet, „daß nicht nur die Gewalten als solche, sondern auch die jeweiligen, die betreffende Funktion ausübenden Gewaltträger der Bindung unterliegen“[77]. Eine Überschreitung des Rahmens von „Gesetz und Recht“ wäre dann eine grundgesetzwidrige Ausübung der Gerichtsbarkeit[78]. Wie anders als mit unbeachtlichen gefühlsmäßigen Wertungen sollte angesichts dieser Rechtslage ein unterschiedliches inneres Gewicht von ne bis in idem und Strafantrag begründet werden?

Niese zieht schließlich einen Vergleich zum Zivilprozeß. Der Umstand, daß im Strafprozeß der Satz ne bis in idem ein zweites Verfahren schlechthin unzulässig mache, während im Zivilrecht bei vorhandenem Rechtsschutzbedürfnis ein zweites Verfahren für zulässig erachtet werde, im übrigen aber nur ein abweichendes Sachurteil verboten sei, zeige, daß dem Satz ne bis in idem im Strafprozeß eine viel stärkere Wirkung beigemessen werde als im Zivilprozeß.

Dieser Vergleich dürfte kaum beweiskräftig sein. Zunächst einmal müßte feststehen, daß eine unterschiedliche Ausgestaltung des Grundsatzes ne bis in idem in Zivil- und Strafprozeßrecht — so wie Niese sie sieht — gesetzgeberisch gewollt und nicht nur zufällig ist. Zum anderen ist ja aber auch im Zivilprozeß ein zweites Verfahren grundsätzlich unzulässig. Die wenigen Fälle, in denen das Rechtsschutzbedürfnis für ein zweites Verfahren bejaht wird, sind mit dem Strafprozeß nicht vergleichbar. Wie schon das Verbot der abweichenden Entscheidung zeigt, geht es im Zivilprozeß in solchen Fällen lediglich um die Erneuerung des früheren Urteils, welches z. B. dem Gläubiger abhanden gekommen ist oder das unverständlich und daher nicht vollstreckbar ist[79]. Eine solche Erneuerung des ersten Verfahrens kann im Zivilprozeß unbedenklich vorgenommen werden, weil die Position des

---

[74] *Hamann/Lenz*, S. 638.

[75] *Sax* in „Die Grundrechte“ III/2, S. 972.

[76] BVerfGE 3, 251 f.

[77] *v. Mangoldt/Klein*, S. 602; *Wernicke* in Bonner Kommentar Erl. II 3 c zu Art. 20.

[78] Vgl. *v. Mangoldt/Klein*, S. 602.

[79] Vgl. *Baumbach/Lauterbach*, Grundzüge vor § 253, Anm. 5 A.

Beklagten im Zivilprozeß eine ganz andere ist als die des Angeklagten im Strafverfahren. Angesichts dieser Unvergleichbarkeit der persönlichen Situation der passiv Beteiligten erscheint es verfehlt, Rückschlüsse auf die Verfahrensweise bei zweifelhafter res juricata im Strafverfahren aus einer in ganz speziellen Fällen abweichenden Regelung im Zivilprozeß ziehen zu wollen.

Da es einen sachlichen Unterschied zwischen Prozeßvoraussetzung und Prozeßhindernis nicht gebe, müsse das Verfahren dann eingestellt werden, wenn zweifelhaft ist, ob eine res judicata vorliegt, argumentiert Reinicke[80]. Dieses Argument lebt nur von der Gleichstellung von Prozeßvoraussetzung und Prozeßhindernis, ohne damit etwas darüber auszusagen, warum denn nun bei zweifelhaften Prozeßvoraussetzungen und Prozeßhindernissen „zugunsten des Angeklagten" zu entscheiden ist.

Aus der herrschenden Auffassung zur Rechtsnatur des Grundsatzes ne bis in idem, die Rechtskraft des Vorurteils erzeuge ein materielles Schutzrecht des Angeklagten[81], folgert Reinicke ferner, der Staat müsse nunmehr dem Angeklagten nachweisen, daß ein Strafanspruch entstanden sei und noch bestehe. Es gebe keine Beweisvermutung, daß ein einmal entstandenes Strafklagerecht später nicht erloschen sei.

Damit ist aber nichts gewonnen, weil eben im konkreten Einzelfall zweifelhaft ist, ob das materielle Schutzrecht schon besteht. Man könnte Reinicke allenfalls folgen, wenn es richtig wäre, daß der Staat dem Angeklagten das Entstehen des Strafanspruchs sowie dessen Fortbestand nachweisen muß. Dies läßt sich aber keineswegs aus der Rechtsnatur des Grundsatzes ne bis in idem herleiten. Es will scheinen, als werde hier wieder einmal die Entscheidung der Frage, ob der Grundsatz in dubio pro reo Anwendung finden kann, von einer Beweislastverteilung abhängig gemacht. Es geht aber gar nicht darum, dem Angeklagten das Bestehen eines Strafanspruchs nachzuweisen, sondern von Amts wegen festzustellen, ob alle Sachurteilsvoraussetzungen gegeben sind. Wie das Gericht zu entscheiden hat, wenn es sich außerstande sieht, diese Feststellungen zu treffen, bleibt somit offen.

Stree[82] sucht die Lösung im Spannungsverhältnis zwischen Gerechtigkeit und Rechtssicherheit. Er meint, daß für das Verbot nochmaliger Aburteilung Gerechtigkeitsbelange gegenüber dem Erfordernis der Rechtssicherheit zurückzutreten haben. Soweit sie vorrangig seien, fänden sie in den genau abgegrenzten Voraussetzungen der Wiederaufnahmegründe Beachtung. Es sei nicht zu verantworten, den Schul-

---

[80] NJW 49, 556.

[81] Vgl. oben B 1. Abschn. II. 2. c) bb) (2).

[82] In dubio pro reo, S. 66 f.

digen zu verurteilen, obwohl der Einwand der res judicata nicht entkräftet werden kann. Einer derartigen Maßnahme würde nicht minder der Makel einer etwaigen Ungerechtigkeit anhaften als einer Strafe gegen einen nur vielleicht Schuldigen. Offenbar in Anlehnung an Sarstedt[83] meint Stree dann, daß es problematisch werde, wenn eventuell bereits ein Freispruch ergangen oder eine Strafe gefällt worden sei, von der feststehe, daß sie auf jeden Fall zu gering ist. Anders als Sarstedt entscheidet sich Stree auch hier für die Rechtssicherheit wegen der fundamentalen Bedeutung des Satzes ne bis in idem, die ihm sogar den Rang eines Verfassungssatzes eingebracht habe. Seiner rechtsstaatlichen Sicherungsfunktion werde man nur gerecht, wenn man bereits der möglichen Aburteilung hemmende Kraft zuerkenne. Allein in dieser Weise sichere man hinreichend die verfassungsrechtlich gewährleistete Freiheit des einzelnen vor staatlicher Macht und ihrem etwaigen Mißbrauch. Stree „subjektiviert" dann wiederum den Begriff der Rechtssicherheit. Wegen einer bloßen Beweisschwierigkeit dürfe dem einzelnen nicht die ihm eingeräumte Rechtsruhe entzogen werden. Er dürfe nicht zu befürchten brauchen, sich nochmals verantworten zu müssen, nur weil die Strafverfolgungsbehörden sich im Ungewissen über seine frühere Aburteilung befinden. Ihn treffe keine Beweispflicht.

Diese Argumentation erinnert stark an die von Stree zur zweifelhaften Verjährung vertretene Auffassung. Dabei neigt das Rechtsgefühl gerade im Hinblick auf den Verfassungsrang des Satzes ne bis in idem dazu, sie in diesem Zusammenhang zu akzeptieren. Gleichwohl ergeben sich Bedenken, ob sie wirklich in jedem Falle durchgreift. Dies gilt vor allem wieder für das Verständnis der Rechtssicherheit aus der Sicht des Angeklagten. Es mag zwar häufig so sein, daß der Angeklagte der einzige ist, der positiv weiß, ob er wegen der zur Aburteilung stehenden Tat schon einmal zur Rechenschaft gezogen wurde. Es gibt aber auch, z. B. bei Serientätern, sicherlich Fälle, in denen selbst der Angeklagte nicht zu sagen vermag, ob er schon einmal wegen dieser Tat verurteilt wurde und in denen diese Verurteilung höchst zweifelhaft ist. Sollte auch dieser Täter für sich geltend machen können, daß bei ihm mittlerweile Rechtsruhe eingetreten sei? Seine Situation ist doch gänzlich anders als die desjenigen Täters, der weiß, daß er schon verurteilt ist und dies nur nicht nachzuweisen vermag.

Zum anderen bleibt natürlich der Konflikt zwischen Gerechtigkeit und Rechtssicherheit bestehen. Es kann eben auch sein, daß die Nichtaburteilung des eine frühere Verurteilung behauptenden Täters eine ganz große Ungerechtigkeit darstellt, weil in Wirklichkeit die behauptete Verurteilung gar nicht stattgefunden hat und die strafbare

---

[83] Vgl. oben B 1. Abschn. II. 2. c) bb) (2).

Handlung des Täters somit ungesühnt bleibt. Dann fragt sich, ob der Verfassungsrang des Satzes ne bis in idem tatsächlich schon das ausschlaggebende Argument sein kann, daß bei zweifelhafter früherer Aburteilung die Rechtssicherheit den Vorrang gegenüber der materiellen Gerechtigkeit beansprucht. Die Bedeutung des Satzes allein vermag über seine Geltungsbreite nichts auszusagen. Es gilt vielmehr, die Gründe sichtbar zu machen, die es rechtfertigen, diesen Satz so zu interpretieren, daß notfalls eine grobe materielle Ungerechtigkeit in Kauf zu nehmen ist.

d) Amnestie

Den breitesten Raum in der Diskussion um die Anwendung des Grundsatzes in dubio pro reo auf die allgemeinen Prozeßvoraussetzungen nimmt die Frage ein, ob der Satz auch bei tatsächlichen Zweifeln hinsichtlich der Voraussetzungen einer Amnestie gilt. Gleichzeitig hat sich in diesem Punkt aber auch am deutlichsten eine herrschende Auffassung gebildet.

aa) Die Amnestie als ausnahmsweise vorgesehener Eingriff

Die herrschende Auffassung lehnt eine Zweifelsregelung zugunsten des Angeklagten ab. Selbst Autoren, die grundsätzlich eine Anwendung des Satzes in dubio pro reo bei Prozeßvoraussetzungen befürworten, machen hier eine „Ausnahme". Dabei sind sie deutlich von der Rechtsprechung beeinflußt. Das Reichsgericht hat stets die Auffassung vertreten, die Amnestie komme dem Angeklagten nicht schon dann zugute, wenn mit der Möglichkeit zu rechnen ist, daß ihre Voraussetzungen vorliegen. Vielmehr könne sie als ausnahmsweise vorgesehener Eingriff in den regelmäßigen Gang der Rechtspflege nur dann Platz greifen, wenn ihre Voraussetzungen voll nachgewiesen seien[84]. Unter diesen Voraussetzungen hat das Reichsgericht in ständiger Rechtsprechung nicht nur prozessuale Voraussetzungen, sondern auch Merkmale des Amnestietatbestandes verstanden. So hat es die Gewährung der Amnestie vom vollen Nachweis abhängig gemacht, daß der Angeklagte aus „politischen Beweggründen" im Sinne des Gesetzes vom 20. April 1938[85] gehandelt hat[86]. In einem anderen Fall prüfte es, ob der Angeklagte „im Kampf für den nationalsozialistischen Gedanken" aus „Übereifer" zu strafbaren Handlungen sich habe „hinreißen" lassen[87] (§ 3, Ziff. 3

---

[84] Vgl. RGSt 53, 324; 56, 49; 66, 76; 71, 259; 72, 4; 72, 155.

[85] RGBl. I, Seite 443.

[86] RG JW 38, 2736.

[87] RG JW 35, 3397.

Straffreiheitsgesetz vom 7. August 1937[88]). Die Anwendung des Gesetzes über die Gewährung von Straffreiheit bei Devisenzuwiderhandlungen vom 15. Dezember 1936[89] verneinte das Reichsgericht in einem Fall[90], weil nicht geklärt werden konnte, ob der Angeklagte bei Inkrafttreten des Gesetzes den devisenrechtlichen Bestimmungen zuwider Vermögen im Ausland stehen gehabt und ob er die Werte, auf die sich seine strafbare Handlungen bezogen, der Reichsbank bis zum 31. Januar 1937 angeboten hatte. Den vollen Nachweis der den Begriff „Heeresdienst" ausfüllenden Tatsachen hatte das Reichsgericht schon in einer früheren Entscheidung gefordert[91].

Diese Rechtsprechung des Reichsgerichts wurde mitsamt ihrer Begründung von der modernen Rechtsprechung zunächst uneingeschränkt übernommen[92]. So führt der Bundesgerichtshof z. B. in seiner Entscheidung vom 19. Februar 1953 — 3 StR 427/52 —, in der es nur darum ging, daß nicht geklärt werden konnte, ob die Straftaten vor einem bestimmten Stichtag begangen worden waren, aus, das Landgericht verkenne die Besonderheiten der Straffreiheitsgesetze. Diese brächten, soweit sie Straffreiheit durch Niederschlagung gewährten, den mit der Tat entstandenen Anspruch des Staates auf Bestrafung zum Erlöschen und hinderten zugleich die Durchführung eines entsprechenden Strafverfahrens. Eine solche gesetzliche Maßnahme sei ein außerordentlicher Eingriff in den ordentlichen Gang eines Verfahrens. Daher müsse das Vorliegen aller tatsächlichen Voraussetzungen, von denen das Straffreiheitsgesetz die Niederschlagung abhängig macht, im Einzelfall zur vollen Überzeugung des Gerichts erwiesen sein. Die bloße Möglichkeit, daß die tatsächlichen Voraussetzungen sämtlich gegeben sind, genüge nicht. Wenn der Tatrichter bezüglich einer dieser Voraussetzungen nicht alle seine Zweifel zu überwinden vermöge, so müsse er das Verfahren beim Vorliegen der sonstigen Voraussetzungen mit der Verurteilung des Angeklagten abschließen. Er dürfe in einem solchen Fall nicht unter entsprechender Anwendung des Grundsatzes „im Zweifel für den Angeklagten" das Verfahren als niedergeschlagen betrachten und hiernach einstellen.

Der Bundesgerichtshof hebt dann ausdrücklich hervor, daß mit Rücksicht auf den Ausnahmecharakter des Straffreiheitsgesetzes auch inner-

---

[88] RGBl. I, Seite 769.

[89] RGBl. I, Seite 1015.

[90] RGSt 71, 259.

[91] RGSt 56, 49.

[92] Vgl. OLG Hamm HESt 2, 150; SJZ 1950, 363; OLG Köln NJW 52, 908; 53, 717; OLG Braunschweig NdsRpfl. 50, 43; BGH JZ 51, 655; Urteil v. 28. 6. 51 — 3 StR 63/50 —; Urteil v. 19. 2. 53 — 3 StR 427/52 —; für einen amnestieähnlichen Sachverhalt, außerdem aber verallgemeinernd BayObLG JZ 51, 655.

halb des Systems der Prozeßvoraussetzungen an der ständigen Rechtsprechung des Reichsgerichts festzuhalten sei, daß der erwähnte Grundsatz „im Zweifel für den Angeklagten" bei der Anwendung solcher Gesetze nicht zu beachten sei. Wenn es darauf ankomme, ob eine Niederschlagung durch einen Gnadenakt des Gesetzgebers der Durchführung des Verfahrens entgegensteht und sich in einem solchen Falle die tatsächlichen Voraussetzungen für die Anwendung eines Straffreiheitsgesetzes nicht erweisen ließen, fordere die rechtsstaatliche Ordnung die Verurteilung des Täters.

Später löste sich die Rechtsprechung von den vom Reichsgericht aufgestellten Grundsätzen, indem sie bei der Anwendung eines Straffreiheitsgesetzes Umstände, die die Tatschuld erhöhen, nur dann zu Ungunsten des Angeklagten berücksichtigte, wenn sie voll bewiesen wurden[93].

Zur Frage zweifelhafter Verfahrensvoraussetzungen bei der Amnestie hält die Rechtsprechung auch heute noch an der reichsgerichtlichen Rechtsprechung fest.

Diese auch in der Literatur mit derselben Begründung vertretene Auffassung[94] erweist sich bei näherem Zusehen als anfechtbar. Sie beruht auf dem Gedanken, daß bei der Amnestie von der Regel, daß der Schuldige zu bestrafen ist, eine Ausnahme gemacht wird[95].

Das ist zwar zutreffend, stellt aber andererseits doch keine so große Seltenheit dar, als daß es gerechtfertigt wäre, die Amnestie allein schon deshalb unter ganz besonderen Aspekten zu würdigen. Die Erscheinung, daß das Recht gelegentlich Wege einschlägt, die dem „normalen", d. h. erwarteten und als gerecht empfundenen Verlauf der Dinge nicht folgen, begegnet uns auch in anderem Zusammenhang. Strafvollstreckungs- und Strafverfolgungsverjährung sind in diesem Sinne auch „Eingriffe in den normalen Gang der Rechtspflege". Daran ändert auch nichts, daß die Amnestie nicht von Anfang an im Gesetz in gleicher Weise vorgesehen ist wie die Verjährung. Es steht dem Gesetzgeber frei, Straftaten von vornherein nur unter bestimmten Voraussetzungen positiver oder negativer Art verfolgen zu lassen oder normierte Straffreierklärungen von Fall zu Fall auszusprechen. Mit Recht wird daher verschiedentlich darauf hingewiesen, daß es bedenklich erscheine, tatsächliche Zweifel bezüglich des Verjährungszeitpunkts

---

93 BGH JR 54, 351; NJW 58, 392; OLG Hamm NJW 55, 75, 644 für den Fall negativer Straffreiheitsvorausetzungen.

94 *KMR-Kommentar*, Vorbem. 1 f (3) cc (2) b vor § 48; *Sarstedt*, Revision, S. 245; *Nüse*, JR 54, 351; *Schwarz*, NJW 50, 125; *Seibert*, NJW 50, 173; *Brandstetter*, § 1, Anm. 10; *Schwarz*, StFG 1954, § 1, Anm. 2; *v. Hippel*, Strafprozeß, S. 368.

95 Vgl. *Nüse*, JR 54, 351; *Sarstedt*, Revision, S. 245.

anders als Zweifel über den Eintritt einer Amnestie infolge der Unkenntnis des Tatzeitpunkts zu behandeln[96]. Auch der Täter, dessen strafbare Handlung verjährt ist, ist unzweifelhaft schuldig. Gleichwohl steht er außerhalb der Strafverfolgung, und zwar „rechtmäßig" im wahrsten Sinne des Wortes. Nicht anders verhält es sich bei der Amnestie. Das Gesetz, das eine Niederschlagung oder eine Amnestie anordnet, ist Recht, das Beachtung fordert. Seine Eigentümlichkeit besteht darin, daß es verwirkte Rechtsfolgen zugunsten des Täters aufhebt, indem es bestimmt, daß das Recht unter gewissen Voraussetzungen nicht seinen üblichen Lauf zu nehmen habe. Die Verurteilung eines Amnestierten wäre daher rechtswidrig, nämlich wider das Recht, welches durch die Amnestievorschriften gesetzt worden ist.

Auch wenn man mit Sarstedt[97] auf die der Amnestie zugrunde liegenden Motive zurückgeht, lassen sich Lehre und Rechtsprechung nicht rechtfertigen. Sarstedt argumentiert, vom Recht her gesehen sei die Gnade eine „ungerechte" Ausnahme. Sie gehöre anderen, höheren Bereichen an als das Recht. In diesen Bereichen gelte der Satz in dubio pro reo nicht, jedenfalls nicht unverbrüchlich. Das Recht würde ohne ihn Unrecht werden, die Gnade bleibe ohne ihn Gnade.

Diese Auffassung geht von einer fehlerhaften Prämisse aus, wenn sie Amnestie und Gnade gleichsetzt[98]. Wäre Amnestie (nur) Gnade, so könnte Sarstedt vielleicht zugestimmt werden. Zutreffend führt Peters[99] aus, daß, wenn jemand mit Rücksicht auf bestimmte Tatsachen begnadigt werden solle, es gerechtfertigt sei, die Gnade nur dann walten zu lassen, wenn die Tatsachen eindeutig feststehen. Aber zwischen einer Straffreierklärung in einem Rechtsprechungsakt und einem Straferlaß in einem Verwaltungsakt liege ein wesentlicher Unterschied. Während es in dem einen um die gerechte Sühne gehe, deren positive und negative Voraussetzungen und Grundlagen eindeutig zu ermitteln seien, handele es sich bei dem anderen um den Verzicht auf eine an sich gerechte Lösung. Man wird Peters unbedenklich folgen können, wenn er es im letzteren Falle als durchaus angemessen und tragbar bezeichnet, daß Zweifel zu Lasten des Verurteilten gehen. Demgegenüber ist die in der Straffreierklärung durch Rechtsprechungsakt liegende Gnade zu einem subjektiven Recht verdichtet und damit dem ursprünglichen Wesen der Gnade entrückt. Ihre Gewährung ist nichts anderes als Rechtsanwendung und steht somit im Gefüge der Rechtsordnung.

---

96 *Löwe/Rosenberg*, 21. Aufl., Anm. 16 e vor § 151; *Erbs*, Handkommentar, § 206 a, Anm. VI C; auch *Stree*, in dubio pro reo, S. 70, aber aus anderen Gründen.

97 Revision, S. 245.

98 Gegen eine Gleichsetzung BVerfGE 2, 219.

99 JR 49, 499; a. A. aber *Geerds*, S. 25.

Teilweise wird auch die Gerechtigkeit als maßgebender Grund für eine Entscheidung gegen den Angeklagten ins Feld geführt. Gerade der überragende Gedanke der Gerechtigkeit nötige nicht zu einer weiten Auslegung der Amnestievorschriften[100].

Gerechtigkeit kann hier nur die Übereinstimmung des richterlichen Erkenntnisses mit der materiellen Rechtslage, also die materielle Gerechtigkeit meinen. Wenn aber Amnestie mehr ist als nur Gnade, nämlich Recht, dann liegt es auf der Hand, daß die Entscheidung, die bei Zweifeln zuungunsten des Angeklagten ergeht, objektiv unrichtig und damit ungerecht sein kann. Es ist dann nicht verständlich, warum gerade der Gerechtigkeitsgedanke für eine Entscheidung gegen den Angeklagten sprechen soll.

bb) Die gegenteilige Auffassung vor allem von Stree

Die Zahl derjenigen Autoren, die die Anwendung des Grundsatzes in dubio pro reo auch bei der Amnestie befürworten, ist gering. Vor allem aber begründen sie ihre Ansicht so gut wie überhaupt nicht. Erbs[101] und das Erläuterungswerk von Löwe-Rosenberg[102] äußern lediglich Bedenken gegen eine unterschiedliche Behandlung von Amnestievoraussetzungen und sonstigen Prozeßvoraussetzungen. Henkel[103] berief sich früher auf Erbs und Eberhard Schmidt. Schmidt[103a] seinerseits begnügt sich mit der Feststellung, „seltsamerweise" werde von einer ganzen Reihe von Autoren behauptet, daß der Satz in dubio pro reo bei einer Amnestie nicht anwendbar sei. Da er meint, die Nichtanwendung des Satzes in dubio pro reo auf die Prozeßvoraussetzungen sei mit dem Gedanken der Rechtssicherheit völlig unvereinbar, ist davon auszugehen, daß er ihn bei der Amnestie ebenfalls aus Gründen der Rechtssicherheit angewandt wissen will, womit er freilich zwangsläufig in einen unlösbaren Konflikt mit der Forderung nach materieller Gerechtigkeit gerät.

Auch hier hat allein Stree versucht, eine eingehende Begründung zu geben, warum bei zweifelhaften Voraussetzungen der Amnestie ebenfalls zugunsten des Angeklagten zu entscheiden sein soll. Er kritisiert die von der neueren Rechtsprechung getroffene Unterscheidung nach schuldbezogenen Voraussetzungen, für die der Grundsatz in dubio pro reo gelten soll, und Tatzeit, für die die Geltung dieses Satzes stets abgelehnt wurde und noch abgelehnt wird. Die Unterscheidung zwischen

---

[100] So *Nüse* in seiner Anmerkung zum Urteil des BGH in JR 54, 351.

[101] Handkommentar, § 206 a, Anm. VI C.

[102] 21. Aufl., Anm. 16 e vor § 151, in der 22. Aufl. gestrichen.

[103] 1. Aufl., § 70. IV, 3, Fußnote 37, in der 2. Aufl. ohne Hinweis.

[103a] Lehrkommentar I, Rdnr. 198 mit Fußnote 350.

schuldbezogenen Voraussetzungen und der Tatzeit befriedige ebensowenig, wie die verschiedene Behandlung der positiven und negativen Momente.

Diese Kritik ist nur dann berechtigt, wenn man sich der Auffassung anschließt, daß zwischen materiellen und prozessualen Voraussetzungen nicht zu differenzieren sei[104]. Behält man diese Differenzierung aber bei, so ist zu berücksichtigen, daß die schuldbezogenen gesetzlichen Vorschriften über die Amnestie gewissermaßen materielles Strafrecht mit negativem Vorzeichen sind: Während das materielle Strafrecht bestimmt, wann jemand bestraft wird, legen die Amnestievorschriften die materiellen Voraussetzungen fest, unter denen von Strafe abgesehen werden kann. Macht man nun einen Unterschied zwischen materiellen Tatumständen, auf die der Grundsatz in dubio pro reo zweifelsfrei angewandt wird, und Prozeßvoraussetzungen, bei denen die Anwendbarkeit dieses Grundsatzes bestritten ist, so ist es nur folgerichtig, bei materiellen Strafbestimmungen mit negativen Vorzeichen entsprechend zu verfahren. Die Unterscheidung zwischen den schuldbezogenen Voraussetzungen und der Tatzeit knüpft also an die Unterscheidung zwischen materiellen Tatbestandsvoraussetzungen und Prozeßvoraussetzungen an, so daß die Problematik sich hier unverändert stellt.

Stree[105] mißt die Durchschlagskraft der für die Anwendung des Grundsatzes in dubio pro reo auf die Amnestievoraussetzungen sprechenden Argumente an drei Gegengründen, die er indes alle nicht für zutreffend hält: Gemeinwohl, Ausnahmecharakter und Gnadencharakter der Amnestie.

Das Gemeinwohl sei nicht schon deswegen beeinträchtigt, weil sich eine unberechtigte Amnestierung ohne zweifelsfreie Tatsachenfeststellung nicht ausschalten lasse. Mit einem Straffreiheitsgesetz sollten bestimmte Delikte aus einem vergangenen Zeitabschnitt endgültig der Strafverfolgung entzogen werden. Werde hierdurch die Rechtsordnung nicht erschüttert, so werde sie es auch dann nicht, wenn ein Rechtsbrecher möglicherweise zu Unrecht in den Genuß der Straffreiheit gelangt, gleichgültig, welche Gründe den Gesetzgeber zum Erlaß des Straffreiheitsgesetzes bewogen haben.

Dem wird man kaum zustimmen können. Die Gemeinschaftsinteressen sind immer beeinträchtigt, die Rechtsordnung ist immer verletzt, wenn ein Rechtsbrecher den rechtlichen Bestimmungen zuwider ohne die verdiente Strafe ausgeht. Ob gleichwohl das Risiko einer derartigen Verletzung der Rechtsordnung von der Rechtsordnung selber um höher-

---

104 Zu dieser Auffassung bei *Stree*, in dubio pro reo, S. 57 ff.

105 In dubio pro reo, S. 71 f.

wertiger Interessen des Individuums willen in Kauf genommen werden soll, ist eine Frage, auf die erst eine Antwort gefunden werden muß.

Soweit Stree auf das Wesen der Amnestie abstellt, kann ihm ebenfalls nicht gefolgt werden. In der Amnestie sieht er in Übereinstimmung mit der herrschenden Ansicht eine Ausnahmeerscheinung im Rechtsleben, die es angezeigt erscheinen lasse, sie eng zu handhaben. Gleichwohl lehnt Stree es im Gegensatz zur herrschenden Auffassung ab, bei der Amnestie gegenüber anderen Prozeßvoraussetzungen zu differenzieren. Dabei ist ihm sicherlich darin zu folgen, daß das Regel-Ausnahme-Verhältnis für die Frage, wie im Zweifelsfalle zu entscheiden ist, kein Argument liefert[106]. Unbefriedigend ist, daß er es damit sein Bewenden haben läßt. Sein methodisches Vorgehen ist nur damit zu erklären, daß er einen Konflikt mit Erfordernissen der materiellen Gerechtigkeit, nämlich eine Beeinträchtigung des Gemeinwohls schlechthin leugnet.

Anders als Sarstedt[107] sieht Stree auch in dem Gnadencharakter der Amnestie — wobei er ausdrücklich dahingestellt sein läßt, ob der Amnestie Gnadencharakter anhaftet — keinen Hinderungsgrund für die Anwendung des Grundsatzes in dubio pro reo. Es sei nicht einzusehen, warum dem Betroffenen eine Gnade zu versagen sei, weil sie ihm nur eventuell zukomme. Wenn auch die Gnade zwar das Recht ersetze, so spiele sie sich dennoch keineswegs in einem völlig rechtsfreien Raum ab, in dem die sonst geltenden Rechtsgrundsätze keine Gültigkeit besitzen. Das gelte insbesondere für die Amnestie, die ein rechtliches Gepräge erhalten habe und von den Gerichten in den gesetzlich festgelegten Grenzen zu respektieren sei. Auch eine entgegen den gesetzlichen Bestimmungen verweigerte Gnade sei Unrecht, wie es umgekehrt Unrecht wäre, in gesetzwidriger Weise Gnade walten zu lassen. Bei zweifelhafter Sachlage erscheine es dann aber weniger unerträglich, eine eventuell unberechtigte Gnade in Kauf zu nehmen als etwaige unberechtigte Gnade zu verhängen.

Diese Begründung kann schon deshalb nicht überzeugen. weil Stree die Amnestie im Grunde genommen eben doch ausschließlich als Recht behandelt. Diejenige Gnade, die ein rechtliches Gepräge erhalten hat, ist in die Rechtsordnung eingegliedert und ersetzt somit nicht mehr das Recht, sie ist selber Recht und damit nicht mehr Gnade im herkömmlichen Sinn. Mit dem „Gnadencharakter" der Amnestie sind also allenfalls die gesetzgeberischen Motive umrissen, keinesfalls aber Aussagen über die rechtliche Ausgestaltung der Amnestie getroffen. Die gesetzgeberischen Motive müssen aber bei der Anwendung des Rechts außer

[106] Vgl. auch *Schmidt/Leichner*, NJW 50, 477.

[107] Revision, S. 245.

Betracht bleiben, wenn es lediglich darum geht, ob die grundlegende Beweiswürdigungsregel des Strafrechts zum Zuge kommt.

cc) Die Sonderstellung der Auffassung von Peters

Soweit ersichtlich als einziger vertritt Peters[108] die Ansicht, der Grundsatz in dubio pro reo gelte, wenn zweifelhaft ist, ob ein Vorgang zeitlich von der Amnestie erfaßt wird. Ließen sich dagegen die inhaltlichen Voraussetzungen nicht eindeutig ermitteln, so greife der Vorteil nicht Platz, weil anzunehmen sei, daß die Strafbefreiung und die Strafverfolgungsaussetzung nur eintreten sollen, wenn die inhaltlichen Voraussetzungen vorliegen. Damit setzt sich Peters in Gegensatz nicht nur zur Rechtsprechung, sondern auch zur herrschenden Meinung in der Literatur. Er begründet seine Auffassung damit, daß es sich bei Amnestien um Gnadenakte handle. Damit knüpft Peters insoweit konsequent an die von ihm vertretene Ansicht an[109], daß es berechtigt wäre, Gnade nur dann walten zu lassen, wenn die Tatsachen eindeutig feststehen. Er widerspricht sich aber insofern, als er zwischen Straffreierklärungen in einem Rechtsprechungsakt und einem Straferlaß in einem Verwaltungsakt unterscheidet und für Straffreierklärungen in einem Rechtsprechungsakt den Grundsatz in dubio pro reo gelten läßt. Die in einer Amnestie liegende „Gnade" ist eine Straffreierklärung durch Rechtsprechungsakt, folglich müßte also *doch* der Grundsatz in dubio pro reo herangezogen werden können. Dem kann Peters nicht dadurch ausweichen, daß er die Amnestie einfach als Gnade bezeichnet und sie wie einen Straferlaß in einem Verwaltungsakt behandelt.

Unerfindlich bleibt auch, warum Zweifel über die zeitlichen Voraussetzungen der Amnestie zugunsten des Angeklagten oder Verurteilten berücksichtigt werden sollen, während alle übrigen Voraussetzungen zweifelsfrei nachgewiesen werden müssen. Wenn man sich auf den Standpunkt stellt, daß der Gnadencharakter der Amnestie es rechtfertige, die Gewißheit vom Vorhandensein sämtlicher Amnestievoraussetzungen zu fordern, dann ist nicht einzusehen, warum ausgerechnet für die zeitlichen Grenzen der Amnestie etwas anderes gelten soll.

e) Rechtsmittelerklärungen

Zu der Frage, wie zu entscheiden ist, wenn aus tatsächlichen Gründen zweifelhaft bleibt, ob ein Rechtsmittel und gegebenenfalls ob es rechtzeitig eingelegt ist, sind zwei Auffassungen zu unterscheiden: die eine will in jedem Falle zugunsten einer Fortführung des Verfahrens

---

[108] Strafprozeß, S. 249.

[109] JR 49, 499.

entscheiden, einerlei, ob es sich dabei um das Rechtsmittel des Angeklagten oder das der Staatsanwaltschaft handelt und gelangt damit zu dem Satz „in dubio pro appellante". Die zweite Auffassung, die im wesentlichen von der Rechtsprechung vertreten wird, entscheidet genau entgegengesetzt und wird durch den Satz „in dubio pro Rechtskraft" gekennzeichnet. Die Ansicht, daß Zweifel nur beim Rechtsmittel des Angeklagten zugunsten einer Fortführung des Verfahrens zu werten seien, wird, soweit ersichtlich, bisher nicht vertreten.

aa) Die Auffassung in dubio pro appellante

Soweit die erste Auffassung nicht lediglich aus §§ 319, 346 StPO hergeleitet wird[110], wird für sie ins Feld geführt, das Rechtsmittel habe die Aufgabe, die möglichste Anpassung der noch nicht rechtskräftigen Entscheidung an die Wahrheit durch mehrmaligen Versuch sicherzustellen. Da jedes Rechtsmittelverfahren dieser aus der staatlichen Justizgewährungspflicht entspringenden Suche nach der Wahrheit in größtmöglichem Umfang entgegenkomme, sei es erst unzulässig, wenn das Nichtvorliegen seiner Zulässigkeitsvoraussetzungen zweifelsfrei feststehe[111]. Auf derselben Ebene liegt das Argument, es sei immer unbefriedigend, wenn eine sachliche Nachprüfung an Förmlichkeiten scheitert. Im Zweifel sollte daher eine im Gesetz nicht ausdrücklich entschiedene Verfahrensfrage so entschieden werden, daß ein möglichst gerechtes Urteil ergeht. Die Gerechtigkeit sei nach der Wertvorstellung, die dem Gesetz zugrunde liegt, bei dem höheren Gericht in besseren Händen als bei dem unteren. Deshalb sollte ein Rechtsmittel im Zweifel als rechtzeitig behandelt werden[112].

Obwohl gegen den Ausgangspunkt dieser Erwägungen, das Rechtsmittelverfahren eröffne die Chance einer materiell gerechteren Entscheidung, nichts einzuwenden ist, wird man dieser Meinung nicht vorbehaltlos zustimmen können. Sie läßt nämlich unberücksichtigt, daß ein trotz Zweifeln als rechtswirksam behandeltes Rechtsmittel der Staatsanwaltschaft — wenn es sich nicht gerade um ein zugunsten des Angeklagten eingelegtes Rechtsmittel handelt — zu einer Verschlechterung der Position des Angeklagten führen kann, obwohl dieses Verfahren vielleicht gar nicht mehr zulässig war. Damit würde sich eine solche Entscheidung unter Verstoß gegen gesetzliche Bestimmungen möglicherweise gegen den Angeklagten auswirken. Das Gebot gerechter Justizgewährung verfängt gegenüber diesen Bedenken nicht, denn zur

---

[110] So von *Jagusch* in *Löwe/Rosenberg*, § 314, Anm. 6; *Kleinknecht*, § 261, Anm. 8 B b; auch BGH NJW 60, 2202; BayObLG NJW 66, 947.

[111] *Sax* in *KMR-Kommentar*, Vorbem. 1 f (3) cc (2) b vor § 48.

[112] *Sarstedt*, JR 54, 472.

gerechten Justizgewährung gehört gerade auch das Verbot einer unzulässigen Bestrafung.

Darüber hinaus strebt das Gesetz nicht unter allen Umständen die möglicherweise gerechtere Entscheidung an. Mit dem Verbot der reformatio in peius z. B. nimmt das Gesetz bewußt in Kauf, daß eine materiell ungerechte Entscheidung rechtskräftig wird. Dann kann es kaum zu billigen sein, daß der Angeklagte der Gefahr einer Verschlechterung ausgesetzt wird, obwohl die Zulässigkeit des ganzen diesbezüglichen Verfahrens zweifelhaft ist.

Gegen die Anwendung des Satzes in dubio pro reo, für die Anwendung des Satzes in dubio pro appellante, so wird weiter argumentiert, spreche auch, daß die Regel in dubio pro reo nicht für jeden Fall des tatsächlichen Zweifels eine Antwort gebe[113]. Diese Ansicht ist zumindest in diesem Zusammenhang nicht überzeugend. Zwar bestimmt § 301 StPO, daß bei Einlegung eines Rechtsmittels durch die Staatsanwaltschaft auch eine Abänderung des vorinstanzlichen Urteils zugunsten des Angeklagten erfolgen kann, so daß, wollte man das Rechtsmittel wegen Verspätung als unzulässig ansehen, die Möglichkeit nicht auszuschließen wäre, daß dem Angeklagten die Chance, zu einem günstigeren Ergebnis zu gelangen, genommen wird. Dennoch wäre keineswegs richtig, daß man erst am Ende des Verfahrens wüßte, „was denn nun der Satz in dubio pro reo für die Frage der Rechtzeitigkeit besagt“[114]. Im Zweifelsfalle zugunsten des Angeklagten entscheiden, hieße, so entscheiden, daß ihm aus dieser Entscheidung jedenfalls kein Nachteil erwachsen kann. Das würde bedeuten, wie Stree[115] zutreffend ausgeführt hat, daß ein möglicherweise verspätet eingelegtes Rechtsmittel der Staatsanwaltschaft als unzulässig verworfen werden müßte, wenn die Vorinstanz zu einem Freispruch gelangt ist. Ist der Angeklagte verurteilt worden, so müßte eine Entscheidung „zugunsten des Angeklagten“ dazu führen, das Rechtsmittel als zu seinen Gunsten eingelegt zu betrachten. Es wäre dann zwar zulässig, müßte jedoch, wenn das Gericht das Urteil der Vorinstanz nicht abändern will, als unbegründet zurückgewiesen werden.

Auch Stree, der bei allen bisher behandelten Prozeßvoraussetzungen Zweifel zugunsten des Angeklagten wertete, setzt bei Zweifeln über die Voraussetzungen eines Rechtsmittels im Interesse einer umfassenden Gerechtigkeitsverwirklichung an die Stelle des Grundsatzes in dubio pro reo die Regel „im Zweifel zuungunsten der Rechtskraft“.

---

[113] *Sarstedt,* JR 54, 471.

[114] *Sarstedt,* JR 54, 471; auch OLG Celle NJW 67, 640 und OLG Hamm GA 57, 222.

[115] In dubio pro reo, S. 77.

Der Staat, so argumentiert er[116], habe einerseits mit dem Rechtsmittelverfahren Vorkehrungen für eine umfassende Gerechtigkeitsverwirklichung getroffen. Andererseits sollten Fristen und Formen des hierfür erforderlichen Rechtsmittels im öffentlichen Interesse und im Interesse des Angeklagten eine klare, alsbald geordnete Verfahrenslage sichern. In dem Widerstreit zwischen dem Bedürfnis an einer sachlichen Nachprüfung und der Notwendigkeit einer alsbaldigen Klärung der Verfahrenslage gebühre dem Abschluß des Verfahrens aus öffentlichem Interesse nur bei eindeutiger Mißachtung der Formalien der Vorrang. Mit der Durchführung des Rechtsmittelverfahrens trotz zweifelhafter Fristwahrung oder eines möglichen Formmangels erlitten die Interessen der Allgemeinheit keine Einbuße, die nicht auch bei der ordnungsgemäßen Anfechtung eingetreten wäre. Das gelte ebenfalls für die Belange der Rechtssicherheit und des Rechtsfriedens; mit der Anerkennung einer eventuell verspäteten Anfechtung werde kein schutzwürdiges Vertrauen beeinträchtigt.

Stree prüft dann gesondert, ob die Rechtsmittelerklärung der Staatsanwaltschaft, die zuungunsten des Angeklagten erfolgt, nach den gleichen Regeln zu handhaben ist. Er bejaht dies. Zugunsten des Angeklagten könnten allenfalls Rechtssicherheitsbelange sprechen. Gerechtigkeitserfordernisse kämen von vornherein nicht in Betracht, denn dem Angeklagten widerfahre keine Ungerechtigkeit, wenn seine Verfehlung von einem höheren Gericht trotz des Zweifels nochmals gewürdigt und unter Umständen schärfer geahndet wird. Rechtssicherheitsinteressen seien ebenfalls nicht betroffen, weil das Vertrauen des Angeklagten in den Bestand der bereits ergangenen Entscheidung nicht stärker beeinträchtigt werde, als es bei einem zweifelsfreien Rechtsmittel der Fall sei. Da auch die Wortfassung der maßgeblichen Normen nichts dafür hergebe, wie das Gericht bei einem „non liquet" in der Frage der Fristwahrung vorzugehen habe, erführen die Interessen des Angeklagten keine rechtsstaatlichen Prinzipien zuwiderlaufende Beeinträchtigung, wenn das Rechtsmittelverfahren trotz etwaiger Verspätung des Rechtsmittels durchgeführt werde.

Den Ausführungen Strees wird man im Hinblick auf das von der Staatsanwaltschaft zu Ungunsten des Angeklagten eingelegte Rechtsmittel nur folgen können, wenn man bereit ist, seine Ansicht zu teilen, die Rechtsmittelerklärungen nähmen innerhalb der Prozeßvoraussetzungen eine Sonderstellung ein, weil sie sich als Voraussetzungen für die Fortführung des Verfahrens vor einem höheren Gericht wesensmäßig von den Voraussetzungen unterschieden, die das Ob des ganzen Strafverfahrens bestimmen. Deshalb könnten Erwägungen, die für die An-

---

116 Ebd., S. 75.

wendung des Grundsatzes in dubio pro reo bei den anderen Prozeßvoraussetzungen maßgebend seien, hier keine Beachtung finden[117].

Diese Ansicht vermag jedoch nicht zu überzeugen. Gerade Stree weist darauf hin, daß die Gerechtigkeit auch einen prozessualen Aspekt hat. So hat er bekanntlich im Zusammenhang mit der Frage, wie bei unaufklärbaren Zweifeln bezüglich der Rücknahme eines Strafantrags zu entscheiden ist, die Auffassung vertreten, die von einem bis zur Verurteilung aufrechterhaltenen Strafbegehren abhängige Zulässigkeit der Strafverfolgung sei eng mit Gerechtigkeitserfordernissen verknüpft, denn auch den verfahrensrechtlichen Regelungen falle die Aufgabe zu, die Gerechtigkeit in der sozialen Wirklichkeit wahrzumachen und dem Beschuldigten nur das zu geben, was ihm als sozialgebundenem Wesen gebühre. Bestandteil der Gerechtigkeit sei auch die Vermeidung einer etwaigen unzulässigen Bestrafung[118]. Es ist nicht einzusehen, warum es einerseits zulässig sein sollte, jemandem durch ein zu seinen Ungunsten eingelegtes Rechtsmittel selbst auf die Gefahr hin, daß das Rechtsmittel überhaupt unzulässig ist, das Risiko einer Schlechterstellung aufzubürden, während andererseits die Verurteilung eines Schuldigen, gegen den ein Strafantrag gestellt worden ist, bei bloßer Möglichkeit der Rücknahme des Strafantrags als mit der Gerechtigkeit unvereinbar bezeichnet wird. Nicht anders ist es, wenn man auf die zur Verjährung vertretene Auffassung blickt[119]. Dort war ebenfalls aus Gerechtigkeitserwägungen eine Bestrafung des Schuldigen bei zweifelhaftem Verjährungseintritt abgelehnt worden. Es wird nicht deutlich, aus welchen Gründen bei zweifelhaften Rechtsmittelerklärungen nicht ebenso gelten sollte, daß der einzelne sich bei der Gestaltung seines Lebens innerhalb der Rechtsgemeinschaft auf die Rechtsordnung soll verlassen dürfen, daß er soll darauf vertrauen dürfen, staatlichen Eingriffen nur insoweit ausgesetzt zu sein, wie die Rechtsordnung vorsieht. Sichert man dem Angeklagten zu, daß er sich auf die Rechtsordnung verlassen darf, daß er darauf vertrauen darf, nur den Gesetzen gemäß zur Rechenschaft gezogen zu werden, dann ist nicht einzusehen, warum dieses Vertrauen unterschiedlich geschützt werden sollte, je nachdem, ob die Verjährung der Straftat oder der Ablauf der Frist zur Einlegung eines möglicherweise zum Nachteil gereichenden Rechtsmittels in Frage steht. Man fragt sich, wie es gerechtfertigt werden sollte, den Aspekt der prozessualen Gerechtigkeit hier plötzlich gänzlich außer Betracht zu lassen. Es ist zwar richtig, daß in einer Alternative „umfassende Gerechtigkeitsverwirklichung“ einerseits und „alsbaldiger Verfahrensabschluß“ andererseits dem Streben nach materieller Gerechtigkeit der Vorzug

[117] Ebd., S. 73.

[118] Ebd., S. 63, vgl. auch oben B 1. Abschn. II. 2. a) bb) (2).

[119] Vgl. oben B 1. Abschn. II. 2. b) aa).

zu geben ist[120]. Daneben besteht aber auch die Alternative „formelle Gerechtigkeit“ einerseits und „materielle Gerechtigkeit“ andererseits, die Stree selber aufzeigt, wenn er die Frage nach der Rechtssicherheit stellt. Diese Problematik stellt sich hier nicht anders als bei den übrigen Prozeßvoraussetzungen. Sie wird deshalb auch kaum anders als dort gelöst werden können. Stree weicht ihr lediglich aus, wenn er erklärt, daß Erwägungen, die für die Anwendung des Grundsatzes in dubio pro reo bei den anderen Prozeßvoraussetzungen maßgebend sind, hier keine Beachtung finden könnten.

Der Satz in dubio pro appellante wird im Gegensatz zu der als herrschend zu bezeichnenden Auffassung in der Rechtsprechung auch im Urteil des Bayerischen Obersten Landesgerichts vom 9. Dezember 1965[121] vertreten. In dem der Entscheidung zugrunde liegenden Fall ließ sich nicht feststellen, wann ein Strafbefehl zugestellt worden war, so daß die Rechtzeitigkeit des Einspruchs fraglich war. Das Bayerische Oberste Landesgericht behandelte den Einspruch mit der Begründung als rechtzeitig, es kämen hier dieselben Gesichtspunkte in Betracht wie bei der Beurteilung der Rechtzeitigkeit einer Rechtsmitteleinlegung. Wie ein Rechtsmittel, so könne auch ein Einspruch nur dann als verspätet verworfen werden, wenn feststehe, daß er verspätet eingelegt wurde. Es will scheinen, als wolle das Bayerische Oberste Landesgericht dies unter anderem aus § 411 StPO herleiten, wonach bei rechtzeitigem Einspruch zur Verhandlung geschritten wird. Es ist indes offenkundig, daß sich aus dem Wortlaut des § 411 StPO nichts für unsere Frage gewinnen läßt. Es fällt auf, daß sich das Gericht, obwohl es ausdrücklich dieselben Gesichtspunkte wie bei der Beurteilung der Rechtzeitigkeit einer Rechtsmitteleinlegung für maßgeblich hält, nicht mit einem Wort mit der gegenteiligen Rechtsprechung auseinandersetzt.

Im übrigen stellt das Bayerische Oberste Landesgericht darauf ab, daß es in aller Regel nicht in der Sphäre des Angeklagten liege, wenn der Nachweis der Rechtzeitigkeit nicht zu führen sei. Es könne nicht Rechtens sein, Umstände, auf die er keinen Einfluß habe, zu seinen Ungunsten ausschlagen zu lassen. Insbesondere werde das nicht durch den Gesichtspunkt der Rechtssicherheit gefordert. Es wird noch zu zeigen sein, daß sich mit diesen Argumenten aus der Verantwortung für das Rechtsmittel nichts herleiten läßt.

Eine Besonderheit im Rahmen der Rechtsprechung stellt auch die Entscheidung des Bundesgerichtshofs vom 2. September 1960[122] dar. An demselben Tag waren bei dem Gericht eine Rechtsmittelverzichtserklä-

---

120 *Stree*, in dubio pro reo, S. 75, 77.

121 NJW 66, 947 = MDR 66, 607 = GA 66, 245.

122 NJW 60, 2202.

rung und eine am Tage nach dieser gefertigte Rechtsmittelschrift eingegangen. Es konnte nicht mehr geklärt werden, welches der beiden Schriftstücke eher beim Gericht eingegangen war. Der Bundesgerichtshof sah das Rechtsmittel als zulässig an. Durch rechtzeitige Einlegung der Berufung oder der Revision werde die Rechtskraft des Urteils, soweit es angefochten ist, gehemmt (§§ 316, Abs. 1, 343, Abs. 1 StPO). Die verspätet eingelegte Berufung oder Revision müsse von dem zuständigen Gericht als unzulässig verworfen werden (§§ 319, 322, 346, 349 StPO). Aus diesen Vorschriften folgert der Bundesgerichtshof nun, das Gericht müsse von der verspäteten Einlegung des Rechtsmittels überzeugt sein, denn nach den angeführten Vorschriften dürfe das Gericht das Rechtsmittel nur verwerfen, wenn es tatsächlich verspätet eingelegt ist.

An dieser Entscheidung ist zutreffend kritisiert worden[123], daß sich aus dem Gesetzeswortlaut keine gesicherte Grundlage für die Lösung unseres Problems ergibt. Man wird unbedenklich der Auffassung folgen dürfen, daß sich aus diesen Vorschriften ebenso folgern lasse, die Rechtzeitigkeit des Rechtsmittels müsse feststehen; dann sei das Rechtsmittel, wenn seine Rechtzeitigkeit nicht feststehe, als verspätet im Sinne der §§ 319, 346 StPO zu verwerfen.

bb) Die Auffassung in dubio pro Rechtskraft

Der Satz „im Zweifel zugunsten der Rechtskraft“ wird in der Literatur, soweit ersichtlich, überhaupt nicht vertreten. Er findet sich lediglich in der überwiegenden Rechtsprechung, wobei diese aber nicht einheitlich ist[124].

Zunächst wird in neueren Entscheidungen immer wieder geäußert, daß der Satz in dubio pro reo schon deshalb nicht gelten könne, weil die Frage, wie ein Rechtsmittel zu behandeln ist, wenn tatsächliche Zweifel an seiner rechtzeitigen Einlegung oder Begründung nicht lösbar sind, einheitlich beantwortet werden müsse, entweder „pro appellante“ oder „contra appellantem“[125]. Diese auch in Teilen der Literatur vertretene Auffassung wird jedoch nicht als entscheidend angesehen werden können. Sie ist zunächst in sich widersprüchlich. Zutreffend hebt Schürmann[126] hervor, daß der Satz „im Zweifel zugunsten der Rechtskraft“ beim Rechtsmittel der Staatsanwaltschaft, wenn es zuungunsten

[123] *Löwe/Rosenberg*, Einl. Kap. 10 A 7 b dd.

[124] Vgl. die abweichenden Entscheidungen BGH NJW 60, 2202 und BayObLG NJW 66, 947 = MDR 66, 607 = GA 66, 245.

[125] Vgl. OLG Celle NJW 67, 641; BGH NJW 60, 2202; KG JR 54, 470; OLG Hamm GA 57, 222.

[126] NJW 64, 2265.

des Beschuldigten eingelegt ist, im Ergebnis dem Satz in dubio pro reo gleichkommt. Zum anderen zieht sie aber nicht in Betracht, daß übergeordnete Prinzipien gerade in diesem Bereich des zweifelhaften Tatsächlichen es geraten erscheinen lassen könnten, auf Lösungen reiner Logik zu verzichten. Sollte es ein auf rechtsstaatlichen Grundsätzen fußendes Argument geben, das eher eine unterschiedliche Behandlung der Rechtsmittel des Angeklagten und der Staatsanwaltschaft nahelegt, so dürfte und müßte diese Unterscheidung getroffen werden, weil es in den Bereichen des Zweifels darum geht, der richtigen, d. h. mit rechtsstaatlichen Grundsätzen am ehesten in Einklang stehenden Lösung so nahe wie möglich zu kommen und damit die Gefahr unrichtiger, nämlich ungerechter Entscheidungen in größtmöglichem Umfang auszuschalten. Dieses Ziel ist nur zu erreichen, wenn man bereit ist, sich von Gedankengängen zu trennen, die dann zutreffen, wenn die Tatsachen klar liegen. Stree[127] hat daher zutreffend die Ansicht vertreten, daß nicht einzusehen sei, warum an das Rechtsmittel der Staatsanwaltschaft nicht strengere Anforderungen sollten gestellt werden können.

Als maßgeblichen Gesichtspunkt für eine Entscheidung zugunsten der Rechtskraft sieht das Kammergericht in seinem Urteil vom 6. Oktober 1954[128] an, es könne von jedem Prozeßbeteiligten verlangt werden, daß er für die Innehaltung der Rechtsmittelfristen jede Sorgfalt aufwende. Das sei ein Gebot der Zweckmäßigkeit und der Rechtssicherheit. Daraus folgert das Kammergericht, es müsse zur Gewißheit feststehen, daß die Rechtsmittelfrist gewahrt ist. Zweifel gingen zu Lasten des Rechtsmittelführers.

Mit Recht hat Eberhard Schmidt[129] die Worte „Zweckmäßigkeit" und „Rechtssicherheit" mit doppelten Fragezeichen versehen. Fragen der Zweckmäßigkeit können niemals darüber entscheiden, was Rechtens ist. Rechtliche Folgerungen aus Zweckmäßigkeitserwägungen herleiten, hieße, unter Umständen elementare Gebote der Rechtsstaatlichkeit außer acht lassen. Ein Kennzeichen der Rechtsstaatlichkeit ist es gerade, daß Zweckmäßigkeitserwägungen hinter rechtlichen Erwägungen zurückzutreten haben.

Inwieweit die Sorgfalt für die Innehaltung der Rechtsmittelfristen etwas mit der Rechtssicherheit zu tun haben soll, ist nicht recht verständlich. Zutreffend weist Sax[130] darauf hin, daß die Frage, wie zu entscheiden ist, nichts mit der Frage zu tun hat, wer die Zweifelssituation „verschuldet" hat. Auf die Frage, wer für den Zweifel ver-

---

127 In dubio pro reo, S. 76.
128 JR 54, 470; auch OLG Hamm GA 57, 222.
129 Lehrkommentar II, § 261, Anm. 14.
130 JZ 58, 179.

antwortlich ist, kann es nicht ankommen[131], weil es schlechterdings nicht angeht, die Entscheidung über die Zulässigkeit des Rechtsmittels von dem Ergebnis eingehender Untersuchungen darüber abhängig zu machen, wie es zu der Zweifelssituation gekommen ist. Und selbst wenn man eine solche Verfahrensweise für zutreffend erachten würde, bliebe noch immer zu fragen, wie das Gericht in jenen Fällen entscheiden soll, in denen sich die Schuldlosigkeit des Rechtsmittelführers ergibt oder aber auch diese Untersuchungen keine Aufklärung der „Verschuldenfrage" bringen.

Den vor allem in der Literatur in den Mittelpunkt der Betrachtung gerückten Gerechtigkeitserwägungen begegnet das Kammergericht mit dem Hinweis auf die Möglichkeit der Wiedereinsetzung in den vorigen Stand in denjenigen Fällen, in denen die Entscheidung zugunsten der Rechtskraft zu einer materiellen Ungerechtigkeit führen kann. Versage diese Möglichkeit, so stehe der Angeklagte nicht anders da, als wenn von vornherein feststeht, daß er schuldhaft die Rechtsmittelfrist versäumt hat oder als wenn er nicht in der Lage gewesen ist, die rechtzeitige ordnungsgemäße Einreichung der Rechtsmittelschrift bei der zuständigen Stelle glaubhaft zu machen. Könne er dies, so würden spätere Zweifel an der Rechtzeitigkeit des Rechtsmittels ihre Ursachen in der weiteren Behandlung des Rechtsmittels nach Eingang haben, die als amtliches Verschulden einen Wiedereinsetzungsgrund bilden. Es bedürfe also nicht des Umwegs über den Grundsatz in dubio pro reo. Von der Anklagebehörde dagegen könne und müsse erwartet werden, daß sie die Rechtsmitteleinlegung so sicherstellt, daß Zweifel an der Fristwahrung nicht aufkommen können.

Zutreffend fragt Sarstedt in seiner Anmerkung zu diesem Urteil[132], in welchen Fällen die Entscheidung zuungunsten des Angeklagten eigentlich nicht zu einer Ungerechtigkeit führen könne. Wenn eine Rechtsmittelschrift verloren geht, besteht immer die Gefahr, daß die falsche, also die ungerechte Entscheidung rechtskräftig wird. Es müßte also in jedem Einzelfall geprüft werden, ob eine Wiedereinsetzung gemäß § 44 ff. StPO möglich ist. Dem ist freilich entgegenzuhalten, daß es schon an den tatbestandsmäßigen Voraussetzungen des § 44 StPO fehlt[133]. Diese Vorschrift setzt voraus, daß die Frist effektiv versäumt worden ist und „der Antragsteller durch Naturereignisse oder andere unabwendbare Zufälle an der Einhaltung der Frist verhindert worden ist". Demgegenüber geht es hier darum, daß der Beweis der Einhaltung der Frist unmöglich geworden ist. Freilich könnte, worauf auch Sarstedt hinweist, eine entsprechende Anwendung des § 44 StPO erwogen

---

[131] Vgl. auch *Stree,* in dubio pro reo, S. 74 und *Sarstedt,* JR 54, 471.
[132] JR 54, 471.
[133] Vgl. auch *Sarstedt,* ebd., S. 471.

werden. Auch sie vermöchte aber nicht die Gefahr von Ungerechtigkeiten auszuschließen. Zwar könnte dann in Fällen, in denen z. B. die Akten verbrannt sind, geholfen werden[134]. Die entsprechende Anwendung des § 44 StPO würde aber voraussetzen, daß dem Angeklagten der Nachweis der Rechtzeitigkeit des Rechtsmittels durch einen „unabwendbaren Zufall" unmöglich geworden ist. Wie wäre dann zu entscheiden, wenn aus irgendwelchen anderen Gründen, die auf einen unabwendbaren Zufall nicht zurückgeführt werden können, nicht mehr zu klären ist, ob das Rechtsmittel rechtzeitig eingelegt wurde oder wenn dem Prozeßbeteiligten nicht mehr der Nachweis möglich ist, daß die Ungewißheit auf einem unabwendbaren Zufall beruht? In diesen Fällen lassen sich ungerechte Entscheidungen schlechterdings nicht ausschließen. Dann fragt sich, mit welcher Berechtigung in allen diesen Fällen zugunsten der Rechtskraft, bei dem Rechtsmittel des Angeklagten also in der landläufigen Terminologie „zu Ungunsten" des Angeklagten entschieden werden sollte. Mit Recht hebt Sarstedt in seiner Anmerkung hervor, daß es doch gar nicht die Aufgabe des Rechtsmittelführers sei, „die rechtzeitige und ordnungsgemäße Einreichung der Rechtsmittelschrift bei der zuständigen Stelle glaubhaft zu machen"[135].

Dem Kammergericht folgen das Oberlandesgericht Hamm[136] und das Oberlandesgericht Düsseldorf[137], an dessen Entscheidung Schürmann in seiner Anmerkung[138] mit Recht kritisiert, sie erwecke ganz zu Unrecht den Anschein, als sei in Rechtsprechung und Rechtslehre die Meinung unbestritten, Zweifel an der Rechtzeitigkeit des Rechtsmittels gingen zu Lasten des Beschwerdeführers.

Auch die jüngste zu diesem Problem ergangene Entscheidung ist deutlich von der Entscheidung des Kammergerichts geprägt[139]. Sie gipfelt in der Feststellung, ein Angeklagter müsse sicher sein dürfen, daß er nicht in ein Rechtsmittelverfahren hineingezogen wird, das die Möglichkeit eines für ihn ungünstigen Ausgangs eröffnet, wenn sich die Wirksamkeit der Rechtsmitteleinlegung nicht feststellen läßt. Bemerkenswerterweise bleibt in dieser Entscheidung dahingestellt, ob dies einem Gebot der Rechtssicherheit oder der Gerechtigkeit entspringt. Mit dem bekannten Argument, die Rechtsmitteleinlegung könne nur entweder wirksam oder unwirksam sein, wird gefolgert, daß dann eben auch bei einem vom Angeklagten oder von der Staatsanwaltschaft zu seinen Gunsten eingelegten Rechtsmittel die Rechtskraft den Vor-

---

134 Vgl. z. B. die Entscheidung RGSt 65, 250.

135 JR 54, 472; auch *Eb. Schmidt*, Lehrkommentar II, § 314, Anm. 14.

136 GA 57, 222.

137 NJW 64, 1684.

138 NJW 64, 2265.

139 OLG Celle NJW 67, 640.

rang haben müsse. Gerade an dieser Entscheidung wird deutlich, wie unbefriedigend Lösungen sein müssen, die vage im Bereich der Rechtsstaatlichkeit zwischen Gerechtigkeit und Rechtssicherheit wurzeln und dann entweder für oder gegen die Durchführung des Rechtsmittels Partei ergreifen. Das erklärte Ziel des Urteils ist es, den Angeklagten vor einem auf ungesichertem Grund ruhenden Rechtsmittel, das zu seinen Ungunsten ausschlagen kann, zu bewahren, also Unrecht zu vermeiden; und dennoch beschwört es die Gefahr von Unrecht herauf, wenn es dem Angeklagten gleichzeitig die Möglichkeit einer gerechteren Entscheidung raubt.

Die Rechtsprechung des Bundesgerichtshofs ist nicht ergiebig. Als eine Ausnahme wird gelegentlich der vom Bundesgerichtshof mit Urteil vom 26. Juni 1958[140] entschiedene Fall bezeichnet[141]. Die Strafakten waren abhanden gekommen. Sie wurden zwar, soweit möglich, rekonstruiert, dennoch ließen sich die Zeitpunkte des Eingangs der Revision, der Zustellung des Urteils und des Eingangs der Rechtsmittelbegründung aus den Ersatzakten nicht entnehmen. Der Bundesgerichtshof führte hierzu wörtlich aus: „Die Verteidiger haben jedoch versichert, daß sie die Wahrung der Einlegungs- und Begründungsfrist persönlich überwacht haben. Hierauf hat die LandesStA im Übersendungsbericht hingewiesen. Bei dieser besonderen Sachlage ist zugunsten des Angekl. davon auszugehen, daß die Revisionseinlegung und Rechtsmittelbegründung rechtzeitig erfolgt sind.“ Es spricht alles dafür, daß hier nicht „im Zweifel zugunsten des Angeklagten“ entschieden wurde, sondern daß das Gericht im Wege des Freibeweises, nämlich durch Würdigung der anwaltlichen Versicherungen der Verteidiger die Überzeugung erlangt hatte, die Revisionseinlegung und die Begründung des Rechtsmittels seien rechtzeitig erfolgt. Die Entscheidung hat also mit unserem Problemkreis nichts zu tun, wengleich die Formulierung, bei dieser Sachlage sei „zugunsten des Angeklagten“ von der Rechtzeitigkeit auszugehen, etwas mißverständlich sein mag.

Im Beschluß vom 3. Mai 1957 war der Bestand des Rechtsmittels ungewiß, weil sich nicht mehr klären ließ, ob der Angeklagte die Ermächtigung des Verteidigers zur Rücknahme von Rechtsmitteln widerrufen hatte, ehe die Rücknahmeschrift beim Gericht eingegangen war[142]. Der Bundesgerichtshof entschied, daß das Rechtsmittel zurückgenommen sei.

Obwohl der Sachverhalt sich von dem üblichen Sachverhalt zweifelhafter Rechtsmittelerklärungen unterscheidet, wird man ihm hier ein-

---

[140] BGHSt 11, 393 = NJW 58, 1307.

[141] So von OLG Celle NJW 67, 640.

[142] BGHSt 10, 245 = NJW 57, 1040 = JZ 58, 177.

reihen dürfen, da nicht anders als bei jenen Fällen auf Grund tatsächlicher Umstände der Bestand des Rechtsmittels ungewiß ist. Gleichwohl hat der Bundesgerichtshof ohne jede Bezugnahme auf frühere Äußerungen zu diesem Problemkreis lediglich erklärt, da feststehe, daß der Angeklagte die Ermächtigung zur Rücknahme des Rechtsmittels erteilt hatte, gehe es zu seinen Lasten, daß ungewiß ist, ob er sie rechtzeitig zurückgenommen hat. Es will scheinen, als werde hier die Entscheidung wieder einmal von der „Verschuldensfrage“ oder von der „Verantwortung“ für das Rechtsmittel abhängig gemacht. Im übrigen kann man sich nicht des Eindrucks erwehren, als sei der Bundesgerichtshof an der Problematik der Fallgestaltung einfach vorbeigegangen.

III. Die Ablehnung jeglicher Zweifelsregelung zugunsten des Angeklagten

Der, soweit ersichtlich, einzige, der nicht nur den Grundsatz in dubio pro reo nicht anwenden, sondern tatsächliche Zweifel bezüglich der Prozeßvoraussetzungen in keinem Falle zugunsten des Angeklagten ausschlagen lassen will, ist Moser[1]. Die subjektive Beziehung der Feststellungslastgrundsätze lasse sich nur bei den materiell strafrechtlichen Vorschriften generell durchführen, da diese von Haus aus in einem gewissen Verhältnis zu dem durch den Staatsanwalt vertretenen Strafanspruchsinhaber und zu dem angeklagten Strafduldungspflichtigen stünden, von deren Standpunkt aus die Anwendung dieser Vorschriften bald nachteilig, bald vorteilhaft erscheine. Gleiches lasse sich aber generell bei den prozessualen Grundsätzen nicht durchführen, da deren Anwendung in dem einen konkreten Prozeß zum Vorteile des Angeklagten, in dem anderen aber zu seinem Nachteil sein könne[2].

Diese Argumentation ist mit Recht auf Widerspruch gestoßen. Es ist schon nicht ersichtlich, wie z. B. die Unterstellung, die Tat sei verjährt, der Angeklagte sei schon einmal abgeurteilt, der Strafantrag sei nicht rechtzeitig gestellt etc. sich in einem Prozeß zugunsten, im anderen zum Nachteil des Angeklagten sollte auswirken können. Wenn Moser als Beispiel anführt[3], die Verneinung der Zuständigkeit des angerufenen Gerichts könne für den Angeklagten günstig oder ungünstig sein, je nachdem das bisher mit der Sache befaßte Gericht im Verhältnis zu dem künftig darin erkennenden Gericht infolge seiner Zusammensetzung, Sachkenntnis etc. mehr Aussichten für ein dem Angeklagten günstiges Urteil bietet, so verkennt er, daß die Anwendung genereller Normen

---

1 In dubio pro reo, S. 103 f.

2 So auch *Stree*, in dubio pro reo, S. 60.

3 S. 104.

überhaupt nur dann sinnvoll ist, wenn man von der Voraussetzung ausgeht, das eine Gericht werde so gut und so gerecht entscheiden wie das andere[4].

Wenig überzeugend ist auch Mosers Argument[5], die Anwendbarkeit des Grundsatzes in dubio pro reo würde im Rahmen des Prozeßrechts deshalb zu Ungenauigkeiten führen, weil zum Beispiel im Wiederaufnahme- und Strafvollstreckungsverfahren kein Angeklagter vorhanden sei, zu dessen Gunsten oder Ungunsten die Beweislast geregelt sein könnte. Wer aus dem Wort „reus“ ein Argument gegen die Anwendbarkeit des Grundsatzes in dubio pro reo gewinnen will, muß aber zunächst dartun, daß eine Beschränkung des Satzes auf den Angeklagten im prozeßtechnischen Sinne tatsächlich geboten ist. Da das ganze Strafverfahren, einschließlich des Strafvollstreckungs- und des Wiederaufnahmeverfahrens, es immer mit derselben Person zu tun hat, die nur nach dem jeweiligen Stand des Verfahrens unterschiedlich bezeichnet wird, liegt es nahe, z. B. auch den Verurteilten, der die Wiederaufnahme seines Verfahrens betreibt, in diesem Sinne als „reus“ anzusehen. Moser begrenzt somit den Geltungsbereich des Grundsatzes in dubio pro reo, dessen Anwendung „bezüglich prozeßrechtlicher Rechtssätze“[6], also im Rahmen des Prozeßrechts schlechthin er erörtert, aus dem Begriff „reus“, ohne zu erkennen, daß damit ein Abgrenzungsproblem eröffnet wird, welches unerörtert bleibt.

---

[4] Vgl. auch *Mann*, ZStW 64, 266.

[5] S. 104, Fußnote 2.

[6] S. 102.

2. Abschnitt

Die Lösung des Problems

I. Das Fehlen von Beweisregelungen

1. Keine Entscheidungshilfe durch die Art der Beweiserhebung

Eine der grundlegenden Feststellungen im Rahmen unserer Problematik ist, daß die Antwort auf die Frage, wie im Falle zweifelhafter Prozeßvoraussetzungen und Prozeßhindernisse zu entscheiden ist, nicht durch die Art der Beweiserhebung beeinflußt wird. Der Umstand allein, daß die für die Beurteilung der Prozeßvoraussetzungen und Prozeßhindernisse erheblichen Tatsachen im Wege des Freibeweises, dagegen die für die Erfüllung des Deliktstatbestandes erforderlichen Tatsachen nur im Wege des Strengbeweises ermittelt werden dürfen, vermag nichts darüber auszusagen, wie der Richter zu verfahren hat, wenn er sich trotz Ausschöpfung aller Erkenntnismöglichkeiten keine Überzeugung vom Vorliegen der Prozeßvoraussetzungen oder Prozeßhindernisse bilden kann[1]. Eine Verknüpfung von Beweisart und Beweiswürdigung ließe sich allenfalls mit einer unterschiedlichen Effektivität der Beweisarten begründen, indem man etwa argumentiert, wenn das Gericht sich nicht einmal unter den erleichterten Bedingungen des Freibeweises die Überzeugung vom Vorliegen der Prozeßvoraussetzungen oder Prozeßhindernisse zu verschaffen vermöge, dann liege es nahe, sie eben auch nicht als gegeben zu erachten und entsprechend zu entscheiden. Eine solche Argumentation wäre schon deshalb verfehlt, weil der Freibeweis keineswegs der „bessere" Beweis ist, der dem Richter weitergehende Erkenntnismöglichkeiten zu erschließen imstande wäre. Er verzichtet lediglich aus Gründen der Praktikabilität auf ein förmliches Beweisverfahren. Im übrigen wäre eine solche unterschiedliche Bewertung der Beweisarten aber auch schwerlich mit dem Grundsatz der Wahrheitsfindung im Strafprozeß vereinbar.

---

1 Anders offenbar nur einmal das Reichsgericht in RGSt 65, 250 (255), indem es den Satz in dubio pro reo nur für anwendbar erklärte, wenn der Tatrichter Zweifel an der Schuld des Angeklagten hat, nicht aber, wenn die Beachtung von Verfahrensvorschriften auf Grund der Akten nach freiem richterlichen Ermessen zu prüfen ist.

2. Keine Entscheidungshilfe durch Beweislastverteilung

Ferner gilt es, daran festzuhalten, daß die Frage, wie Zweifel über das Bestehen einer Prozeßvoraussetzung oder eines Prozeßhindernisses zu würdigen sind, unabhängig davon ist, ob sich die Prozeßvoraussetzung als „Regel“ oder als „Ausnahme“ darstellt. Es ist weder Sache der Staatsanwaltschaft, einen Regeltatbestand, noch Sache des Angeklagten, einen Ausnahmetatbestand nachzuweisen. Dies ist durchaus nicht so selbstverständlich, wie es zunächst erscheinen mag. Die Vorstellung, daß es auch im Strafprozeß eine materielle Beweislast gebe, ist bis heute — wenngleich in modifizierter Form — nicht überwunden. Sie liegt auch einer Reihe von Auffassungen zu unserem Problem ausdrücklich oder unausgesprochen zugrunde.

Eine echte Beweislastverteilung nahm vor allem die Strafprozeßrechtswissenschaft vor der Jahrhundertwende an, wobei sie allerdings dahingehend modifizierte, daß „im allgemeinen“ im Strafprozeß der Nachteil, welcher daraus entstehe, daß eine für die Verurteilung maßgebliche Tatsache ungewiß bleibt, die Anklage treffe. Bezeichnenderweise spricht Glaser[2] davon, die Anklage müsse ganz oder teilweise „unterliegen“, wenn eines der Elemente des allgemeinen oder speziellen Tatbestandes ungewiß bleibe.

Anders verfährt die ältere Lehre bei von der Schuld unabhängigen Tatumständen, „bei solchen, welche erst unter der Voraussetzung in Betracht kommen, daß die Schuld des Angeklagten feststeht, bei materiell- und prozeßrechtlichen Gründen, welche die Strafbarkeit aufheben oder die Strafverfolgung verhindern. Ist der Beweis der Schuld des Angeklagten erbracht, so kann der Richter nur dann freisprechen, wenn er von dem Vorhandensein solcher Tatsachen überzeugt ist, von welchen das Gesetz allein die Freisprechung des Angeklagten abhängig macht“[3]. Zwar ist diese Auffassung schon bald als „ganz unrichtig“[4] erkannt worden; damit war die Vorstellung vom Vorhandensein einer Beweislast auch im Strafprozeß jedoch keineswegs überwunden. Es wurde jetzt nur betont, daß im Strafprozeß der Kläger die ganze materielle Beweislast trage[5]. Diese Vorstellung hat sich noch bis in jüngste Darstellungen des Strafprozeßrechts hinübergerettet. So heißt es bei Kern[6], ein wichtiger Beweisgrundsatz des Strafprozesses sei der, daß der Kläger die materielle Beweislast trage (in dubio pro reo). Im Gegensatz zum Zivilprozeß gebe es im Strafprozeß keine Verteilung

---

[2] I, S. 364.

[3] Glaser, I, S. 365 und Beiträge, S. 88 ff.; Ullmann, S. 333; v. Kries, S. 341.

[4] *Bennecke/Beling*, S. 379, Fußnote 21; *Spohr*, S. 30.

[5] *Bennecke/Beling*, S. 379; *Goldschmidt*, S. 340.

[6] S. 62.

der Beweislast. Die Beweislast trage vielmehr ungeteilt der Kläger; der Beschuldigte habe weder die formelle Beweislast (die Beweisführungslast) noch die materielle Beweislast (die Feststellungslast).

Die Rechtsprechung hat sich teilweise nicht einmal an diese moderne Variante der Beweislastregelung gehalten, sondern auf die alte Auffassung von der Beweislastverteilung zurückgegriffen. So hat z. B. der Oberste Gerichtshof für die Britische Zone mehrfach die Ansicht vertreten, daß Strafausschließungs- und Strafaufhebungsgründe nur anwendbar seien, wenn das Vorliegen der sie begründenden Tatsachen zweifelsfrei feststehe[7]. Das ist nichts anderes als materielle Beweislastverteilung, wenn man nämlich unter materieller Beweislast versteht, daß einer Partei die Ungewißheit einer Tatsache zum Nachteil gereicht[8].

Wenngleich Entscheidungen wie die des Obersten Gerichtshofs selten sind, so beeinflußt doch bewußtes oder auch unbewußtes Denken in Beweislastkategorien in mancherlei Weise die Stellungnahme zu der Frage, zu wessen Nachteil es ausschlägt, wenn ungewiß bleibt, ob eine Prozeßvoraussetzung oder ein Prozeßhindernis vorliegt. Am deutlichsten wird dies bei der fast einmütigen Stellungnahme von Rechtsprechung und Literatur zu der Frage, wie bei Ungewißheit über das Vorliegen der Amnestievoraussetzungen zu verfahren ist[9]. Die Begründung, die Amnestie sei ein ausnahmsweise vorgesehener Eingriff in den ordentlichen Gang der Rechtspflege, beruht im Grunde genommen auf der Vorstellung, daß eben doch für gewisse Tatsachen dem Angeklagten eine Beweislast obliege. Das gilt auch, wenn die Zweifelsregelung zugunsten des Angeklagten davon abhängig gemacht wird, ob der der Verurteilung entgegenstehende Umstand „aus dem Inneren der Tat erwächst“ oder ob es sich um ein von außen kommendes Ereignis handelt[10]. Auch wer den „Verzicht“ auf den „Strafanspruch“ nur bei zweifelsfreier Verjährung anerkennen will[11], setzt Gegenstände in das Verhältnis von Regel und Ausnahme und überbürdet damit dem Angeklagten die Beweislast für den Ausnahmetatbestand.

Bei allen Erwägungen zur Lösung unseres Problems wird konsequent zu beachten sein, daß es im Strafprozeß den Begriff der Beweislast nicht gibt[12], auch nicht in dem Sinne, daß im Strafprozeß die Beweislast den Ankläger treffe. Mit dem Begriff Beweislast werden die an dem

---

7 Vgl. OGHSt 1, 337; 2, 126.

8 *v. Hippel*, Strafprozeß, S. 384; *Beling*, S. 320, 321; *Moser*, S. 66 ff.

9 Vgl. oben B 1. Abschn. II. 2. d).

10 So *Schwarz*, vgl. oben B 1. Abschn. II. 2. a) bb) (1).

11 So *Sax* in *KMR-Kommentar*, Vorbem. 1 f (3) cc (2) a.

12 *Mann*, ZStW 64, 267, 268; *Henkel*, 2. Aufl., S. 102 f.

Verfahren Beteiligten zwangsläufig in Parteirollen gedrängt, die ihnen gar nicht zukommen; mit der Parteirolle wird in das Strafverfahren ein Element hineingetragen, das ihm fremd sein muß, denn im Strafprozeß geht es nicht um streitige Ansprüche zwischen zwei Parteien, sondern um das weitere Schicksal des unschuldigen oder des in Schuld verstrickten Angeklagten. Dieses Schicksal muß so weit wie möglich unabhängig sein von dem vielfach nur zufälligen Zusammenspiel verschiedener Regeln, mögen diese in anderen Prozeßarten auch ihre wohlbegründete Berechtigung haben. Die Errungenschaft des reformierten Strafprozesses besteht gerade darin, die Verpflichtung aller an dem Strafverfahren beteiligten Organe zur Erforschung der materiellen Wahrheit angeordnet zu haben. Worin könnte dies sinnfälliger zum Ausdruck gekommen sein als dadurch, daß die Staatsanwaltschaft auch die zugunsten des Angeklagten sprechenden Umstände zu berücksichtigen hat?

Die Verbannung jedes Regel-Ausnahme-, Parteien- und Beweislastdenkens bewirkt, daß der Richter im Strafverfahren eine ganz andere Optik von dem zur Entscheidung stehenden Sachverhalt hat als der Zivilrichter. Während der Zivilrichter die Entwicklung eines Anspruchs historisch verfolgen, bei seiner Entscheidung dann unter Umständen sogar in der Historie stehenbleiben kann, weil die behauptete weitere Entwicklung des Anspruchs nicht bewiesen ist, ist im Strafverfahren das gesamte Geschehen gewissermaßen als großes auf eine Fläche projiziertes Bild in seiner Gesamterscheinung einheitlich zu würdigen. Alle Elemente dieses Bildes werden gleich bewertet, in gleicher Weise berücksichtigt. In dieses Gesamtbild gehören auch die Prozeßvoraussetzungen und die Verfahrenshindernisse.

II. Zur Anwendbarkeit des Grundsatzes in dubio pro reo auf die Prozeßvoraussetzungen

1. Der Grundsatz in dubio pro reo als vage Gerechtigkeitsklausel

Die Wiedergabe der Behandlung unseres Problems in Literatur und Rechtsprechung im darstellenden Teil hat gezeigt, daß, weit verbreitet, bedenkenlos der Satz in dubio pro reo entweder generell auf alle oder aber fallweise auf zweifelhafte Prozeßvoraussetzungen angewandt wird. Allen diesen Auffassungen, wie immer sie auch begründet worden sein mögen, ist gemeinsam, daß in ihnen nur ganz vereinzelt die Frage anklingt, ob denn die spezifische Bedeutung des Grundsatzes in dubio pro reo auf zweifelhafte Prozeßvoraussetzungen überhaupt übertragen werden könne. Man kann sich in der weitaus überwiegenden Anzahl der Fälle nicht des Eindrucks erwehren, daß der Satz in dubio pro reo lediglich übersetzt, die Entscheidung für eine Einstellung des Verfahrens in den ohnehin nur praktisch gewordenen und demgemäß abgehandelten Fällen als die „günstige" Entscheidung angesehen und demgemäß „pro reo" votiert wurde. Damit freilich wird der Satz in dubio pro reo genau zu jener von Sax[1] kritisierten vagen Gerechtigkeitsklausel, „die alle tatsächlichen Zweifel im prozessualen Bereich grundsätzlich zugunsten des Beschuldigten zu lösen aufgebe, jedenfalls im Hinblick auf die konkrete Höherbewertung eines anderen Prinzips im Einzelfall ‚durchbrochen' werden dürfe". Zu einer befriedigenden Lösung wird man hier nur kommen können, wenn man sich der Mühe unterzieht, zunächst einmal den Inhalt des Grundsatzes zu erfassen, um dann von seinem Inhalt her Rückschlüsse auf seinen Geltungsbereich zu ziehen.

2. Die Beantwortung der Frage aus der Inhaltsbestimmung des Grundsatzes in dubio pro reo

Die Bedeutung des Grundsatzes in dubio pro reo wird gemeinhin damit umschrieben, daß jeder Zweifel im Tatsächlichen zugunsten des Angeklagten ausschlägt[2], daß zweifelhafte Erhebungen nicht zu seinem Nachteil gewertet werden dürfen, ein „non liquet" zu seinen Gunsten zu buchen ist[3]. Mit solchen Inhaltsbestimmungen ist freilich über den Anwendungsbereich des Grundsatzes noch nicht viel ausgesagt, sie werfen die Frage nach den Sachverhalten, die seiner Herrschaft unterliegen sollen, vielmehr erst auf und lassen sie zum Gegenstand von Meinungsverschiedenheiten werden. Die Frage, ob sich der Anwendungsbereich des Grundsatzes auch auf prozessuale Tatbestände erstreckt, wird sich aber nicht in erster Linie aus Erwägungen über diese Tatbestände, sondern nur aus der spezifischen Eigenheit des Grundsatzes selbst beantworten lassen. Sie gilt es daher herauszukristallisieren. Dazu wird man, da der Grundsatz in dubio pro reo nicht normiert ist, auf die Gründe zurückgreifen müssen, aus denen der Grundsatz im Rahmen unserer Rechtsordnung Anerkennung gefunden hat.

a) Die Begründungen für die Geltung des Grundsatzes in dubio pro reo

aa) Die Inquisitionsmaxime

Vereinzelt wird auch heute noch die Auffassung vertreten, daß der Satz in dubio pro reo seine Existenz der Inquisitionsmaxime verdanke.

---

1 In *KMR-Kommentar*, Vorbem. vor § 48, Anm. 1 f (3).

2 *Löwe/Rosenberg*, § 261, Anm. 6 a; BGHSt 18, 275.

3 *Henkel*, 2. Aufl., S. 352; ferner *Kern/Roxin*, S. 69; *Peters*, Strafprozeß, S. 247, 239/240; *Eb. Schmidt*, Lehrkommentar I, Rdnr. 371.

Bedeute diese Maxime, daß das Gericht sich selbst durch seine eigene Forschungstätigkeit die Überzeugung von den für die Verurteilung des Angeklagten maßgeblichen Tatsachen verschaffen, daß es mit anderen Worten dem Angeklagten diese Tatsachen beweisen müsse, so folge daraus, daß jede Ungewißheit bezüglich dieser Tatsache, jede Nichtbeweisbarkeit zum Freispruch führt: in dubio pro reo[4]. Dieser Ansicht wird man kaum beipflichten können. Die Inquisitionsmaxime weist den Richter lediglich an, wie er sich die in dem Verfahren notwendigen Beweismittel zu verschaffen hat (§§ 155 Abs. 2, 244 Abs. 2 StPO), sie besagt aber nichts darüber, wie der Richter zu verfahren hat, wenn diese Beweismittel ihm nicht die notwendige Überzeugung von der Schuld des Angeklagten zu vermitteln vermögen. Der Satz in dubio pro reo gilt also sicherlich nicht, *weil* der moderne Strafprozeß die Erforschung der materiellen Wahrheit von Amts wegen vorschreibt. Dann ist es aber auch nicht möglich, aus der Inquisitionsmaxime auf den Inhalt und die Tragweite des Grundsatzes in dubio pro reo Rückschlüsse zu ziehen[5].

bb) Der Grundsatz der freien Beweiswürdigung

Entgegen einer vielfach vertretenen Auffassung[6] verdankt der Satz in dubio pro reo seine Existenz auch nicht dem Grundsatz der freien Beweiswürdigung. Wenn § 261 StPO bestimmt, daß das Gericht über das Ergebnis der Beweisaufnahme nach seiner freien, aus dem Inbegriff der Verhandlung geschöpften Überzeugung zu entscheiden hat, so ist damit noch nicht einmal angedeutet, wie der Richter zu entscheiden hat, wenn ihm die für die Verurteilung des Angeklagten erforderliche Überzeugung fehlt[7]. Auch § 261 StPO vermag deshalb keinen Aufschluß über den Inhalt des Satzes in dubio pro reo zu geben. Mit Recht ist gesagt worden, daß § 261 StPO das Problem, wie zu entscheiden ist, wenn die richterliche Überzeugung zu einem „non liquet“ gelangt, erst schaffe, es aber nicht löse[8].

cc) Das Gewohnheitsrecht

Wenn der Versuch unternommen wird, aus den Gründen für die Geltung des Grundsatzes in dubio pro reo Rückschlüsse auf seinen

---

4 *Eb. Schmidt,* Lehrkommentar I, Rdnr. 371.

5 Vgl. auch *Mann,* S. 272/273.

6 z. B. *Löwe/Rosenberg,* 21. Aufl., § 261, Anm. 4; *Kern/Roxin,* S. 69, allerdings einschränkend: „... aus dem Schuldgrundsatz in Verbindung mit § 261“; *Seibert* DRZ 49, 557.

7 So mit Recht *Stree,* in dubio pro reo, S. 7.

8 *Mann,* S. 273.

Anwendungsbereich zu ziehen, so darf um der Vollständigkeit willen schließlich nicht die Auffassung unerwähnt bleiben, der Grundsatz in dubio pro reo gelte als Gewohnheitsrechtssatz[9]. Freilich vermöchte diese Ansicht noch weniger als die beiden vorgenannten Auffassungen etwas Greifbares über den Inhalt des Satzes auszusagen. Die Kennzeichnung eines Rechtsinstituts als „Gewohnheitsrecht" ist begrifflich unlösbar mit einer langen zeitlichen aus Rechtsüberzeugung geborenen Übung verbunden. Gerade die Uneinigkeit über den Anwendungsbereich des Satzes in dubio pro reo zumindest im prozessualen Bereich beweist aber, daß sich insoweit eine dauernde Übung eben nicht herausgebildet hat. Mit Recht stellt daher Stree[10] fest, daß sich feste Konturen für den Satz in dubio pro reo gewohnheitsrechtlich nicht herausgebildet haben.

dd) Der materielle Schuldgrundsatz

(1) Der Inhalt des materiellen Schuldgrundsatzes

Die heute als herrschend zu bezeichnende Auffassung sieht den Grund für die Geltung des Grundsatzes in dubio pro reo in dem das ganze Strafrecht beherrschenden materiellen Schuldprinzip. Der Satz in dubio pro reo ist „die prozessuale Kehrseite des materiellen Schuldprinzips"[11]. Dieses Schlagwort hat seinen Ursprung in der heute allgemein anerkannten Prämisse, daß Strafe Schuld voraussetzt[12]. Es führt nicht schon die äußere Tat, sondern die in der äußeren Tat verwirklichte „‚personenhafte' freie Entscheidung gegen das Recht"[13] zur Bestrafung. Jede andere Behandlung des Menschen würde seine sittliche Persönlichkeit mißachten und daher gegen die Menschenwürde verstoßen[14]. Mit Recht wird hieraus gefolgert, daß dem Schulderfordernis als Strafvoraussetzung nur dann hinreichend Rechnung getragen worden ist, wenn eine Strafe ausschließlich bei Gewißheit über das Vorliegen der Schuld verhängt wird[15]. Das bedeutet, daß die schuldhafte Ver-

---

9 *Kern/Roxin*, S. 70; *Moser*, S. 95 f.

10 In dubio pro reo, S. 9.

11 *Stree*, in dubio pro reo, S. 16; *Sax*, JZ 58, 179 und in *KMR-Kommentar*, Vorbem. vor § 48, 1, f (3); *Henkel*, 2. Aufl., S. 352.

12 *Stree*, Deliktsfolgen, S. 51; *Mezger* in LK, Vorbem. 11 vor § 51; *Sax* in „Die Grundrechte" III/2, S. 934; *Schönke/Schröder*, Rdnr. 78 - 93 vor § 51; BVerfGE 9, 169; BGHSt 2, 200; BGH St LM StGB § 29, Nr. 2; BayVGHE 1 II, S. 100, 3 II, S. 109.

13 *Stree*, Deliktsfolgen, S. 53.

14 *Stree*, ebd., S. 53; *Sax* in „Die Grundrechte" III/2, S. 934 und JZ 57, 5; *Schlosser*, JZ 58, 528; *Warda*, ZStW 71, 261; *Bohne*, S. 27; *Maunz/Dürig*, Art. 1, Anm. 32.

15 *Stree*, in dubio pro reo, S. 16; ferner z. B. *v. Oetker*, GS 100, 35; *Seibert*, DRZ 49, 557; *KMR-Kommentar*, Vorbem. vor § 48, 1. f, (3).

wirklichung der Tat dem Täter nachgewiesen sein muß und eventuelle Zweifel zu seinen Gunsten gewertet werden müssen.

(2) Der materielle Schuldgrundsatz als Klammer anderer Geltungsgründe.

Stree hat einige rechtsstaatliche Maximen aufgezeigt, die seiner Auffassung nach ebenfalls als Gründe für die Geltung des Grundsatzes in dubio pro reo Bedeutung haben. Bei näherer Betrachtung freilich stellt sich heraus, daß sie sämtlich in unmittelbarem Zusammenhang mit dem materiellen Schuldgrundsatz stehen und für sich allein genommen über die Geltung des Grundsatzes in dubio pro reo nichts aussagen.

(a) Die Ausgangsvermutung zugunsten des Menschen

Das gilt primär für die „Ausgangsvermutung zugunsten des Menschen", die Stree allerdings selber als in engem Zusammenhang mit dem materiellen Schuldprinzip stehend bezeichnet[16]. Wenn Zweifel an der Schuld eine Bestrafung verhindern, weil anders dem materiellen Schuldgrundsatz nicht Rechnung getragen ist, so ergibt sich daraus eine Ausgangsvermutung zugunsten des Menschen. Sie geht also aus dem materiellen Schuldprinzip hervor und stellt neben diesem keine selbständige Maxime des materiellen Strafrechts dar.

(b) Das allgemeine Gerechtigkeitsgebot

Ähnlich verhält es sich mit dem von Stree herangezogenen allgemeinen Gerechtigkeitsgebot[17]. Die Idee der Gerechtigkeit ist an der Würde des Menschen orientiert, von ihr geprägt, nicht dagegen eine Maxime apriorischer Natur, die, losgelöst von der Beziehung zum Menschen, Aussagen über die Behandlung des Menschen zu treffen geeignet wäre. Der sittliche Grundwert Gerechtigkeit impliziert die Forderung an den Menschen, den Menschen neben sich in seinem Eigenwert zu achten und ihn nach diesem Eigenwert zu behandeln. Gerechtigkeit und Menschenwürde sind begriffsnotwendig derart unlösbar miteinander verknüpft, daß es verfehlt erscheint, die Gerechtigkeit als selbständige Quelle des Grundsatzes in dubio pro reo neben dem materiellen Schuldgrundsatz zu nennen.

(c) Rechtssicherheit und Gesetzmäßigkeit

Schließlich überzeugt es auch nicht, wenn die rechtsstaatlichen Maximen Rechtssicherheit und Gesetzmäßigkeit[18] als weitere „unmittelbar aus der Verfassung ableitbare Gründe, die für das Strafurteil

[16] In dubio pro reo, S. 17.
[17] Ebd., S. 15.
[18] *Stree*, ebd., S. 18.

prinzipiell den vollen Nachweis der materiellen Strafvoraussetzungen erheischen und somit im Falle eines ‚non liquet' die Maxime ‚in dubio pro reo' bedingen"[19], herangezogen werden. Stree interpretiert den Begriff Rechtssicherheit, wie auch die anderen rechtsstaatlichen Maximen, auf der Grundlage des Anspruchs des Menschen, als geistig-sittliches Wesen geachtet und behandelt zu werden. Die enge Verknüpfung aller rechtsstaatlichen Maximen mit dem in Art. 1 Abs. 1 GG verankerten Verständnis von der Bedeutung der menschlichen Persönlichkeit führt auch hier für den strafrechtlichen Bereich zwangsläufig zum materiellen Schuldgrundsatz zurück. Aus dem Begriff Rechtssicherheit folgt nämlich nicht unabweislich, daß im Falle zweifelhafter Tatsachen zugunsten des Angeklagten zu entscheiden sei. Wenn Rechtssicherheit, wie Stree es an anderer Stelle[20] formuliert hat, Vertrauensschutz bedeutet, daß der Angeklagte „staatlichen Eingriffen nur insoweit ausgesetzt ist, wie die Rechtsordnung vorsieht", so besagt dies nicht mehr, als daß der Angeklagte darauf vertrauen darf, nicht ohne gesetzliche Grundlage zur Rechenschaft gezogen zu werden. Die gesetzliche Grundlage ist vorhanden, wenn die Gestaltung des tatsächlichen Geschehens ihre Heranziehung rechtfertigt. Ist das tatsächliche Geschehen zweifelhaft, so kann die Anwendung der gesetzlichen Grundlage richtig, sie kann aber auch falsch sein. Der Richter steht dann vor der Situation, vielleicht den Schuldigen, möglicherweise aber auch einen Unschuldigen zu bestrafen oder aber einen möglicherweise Schuldigen, vielleicht auch den Unschuldigen wieder laufen zu lassen. Um in dieser Konfliktsituation zum Satz in dubio pro reo zu gelangen, bedarf es der zusätzlichen Wertung, daß es immer noch besser sei, einen Schuldigen laufen zu lassen, als einen möglicherweise Unschuldigen zu bestrafen. Diese Wertentscheidung ruht aber nicht in dem Begriff Rechtssicherheit, sondern ausschließlich in der Wertschätzung der menschlichen Persönlichkeit, die wiederum die unmittelbare Quelle des materiellen Schuldprinzips ist.

Ebensowenig überzeugt, daß die rechtsstaatliche Maxime der Gesetzmäßigkeit aus dem Schutzinteresse des einzelnen gegenüber den staatlichen Gewalten den Satz in dubio pro reo bedingen soll. „Die Strafgesetze erlauben einen Eingriff in der Regel ausschließlich unter der Voraussetzung, daß der Betroffene eine strafbare Handlung begangen hat." Diese unter Bezugnahme auf Sarstedt[21] vertretene Auffassung Strees läuft im Ergebnis darauf hinaus, daß der Satz in dubio pro reo aus dem Wortlaut der jeweiligen Vorschrift abgeleitet wird: „Wer das

---

[19] *Stree*, ebd., S. 19.

[20] Ebd., S. 66.

[21] Revision, S. 172, 174.

und das getan hat, wird so und so bestraft, und nicht, wer das und das vermutlich (wahrscheinlich) getan hat, wird so und so bestraft." Damit rückt man dem Problem aber nicht näher. Stree versäumt es nämlich, der Frage nachzugehen, ob diese Art der Formulierung unserer gesetzlichen Tatbestände dazu bestimmt ist, gleichzeitig eine Aussage über die Beweisregelung im Strafverfahren zu treffen. Er interpretiert den Wortlaut der Tatbestände so, ohne darzulegen, ob diese Interpretation so gewollt ist. Merkwürdigerweise vertritt Stree bekanntlich im Zusammenhang mit den Prozeßvoraussetzungen später die Auffassung, die negative Formulierung zur Einhaltung der Dreimonatsfrist in § 61 StGB lasse nicht erkennen, „daß der Gesetzgeber mit der negativen Formulierung eine Regelung darüber hat treffen wollen, was zu beweisen ist"[22]. Gleiches muß für die positiv formulierten Tatbestände gelten.

Damit wird deutlich, daß die von Stree zusätzlich herangezogenen rechtsstaatlichen Maximen für sich genommen den Grundsatz in dubio pro reo noch nicht bedingen. Allenfalls in Verbindung mit dem materiellen Schuldgrundsatz, durch den sie — im Grunde genommen auch bei Stree — im strafrechtlichen Bereich erst eine Interpretation erfahren, ließe sich vertreten, daß auch die bekannten rechtsstaatlichen Maximen die Anwendung des Grundsatzes in dubio pro reo in Zweifelsfällen nahelegen. Das tragende Element des Satzes bleibt dann aber der materielle Schuldgrundsatz, der als einer Interpretation nicht bedürftiges unmittelbar aus dem modernen Verständnis von der Bedeutung des Menschen hergeleitetes Axiom heute Allgemeingut ist.

b) Der Satz in dubio pro reo als prozessuale Kehrseite des materiellen Schuldgrundsatzes

Wenn der Satz in dubio pro reo seine Existenz letztlich allein der Anerkennung des materiellen Schuldgrundsatzes verdankt, dann läßt er sich in der Tat nur als dessen prozessuale Kehrseite charakterisieren. Damit haben diejenigen recht, die die Auffassung vertreten, er könne „seiner Substanz nach nur Anwendung finden auf Fälle eines Zweifels an den tatsächlichen Grundlagen einer schuldhaften Tatbestandsverwirklichung"[23]. Das aber hat zur Folge, daß die Anwendbarkeit des Grundsatzes in dubio pro reo auf die Prozeßvoraussetzungen ausscheiden muß.

---

[22] In dubio pro reo, S. 58; vgl. oben B. 1. Abschn. I.

[23] *Sax* in *KMR-Kommentar*, Anm. 1 f (3) cc(2) vor § 48 und Anm. zu BGH in JZ 58, 177 sowie Festschrift für Stock, S. 169; *Henkel*, 2. Aufl., S. 352, 353.

III. Die Entscheidung „zugunsten des Angeklagten"

Wenn der Grundsatz in dubio pro reo wegen seiner unmittelbaren Verknüpfung mit dem materiellen Schuldgrundsatz nicht auf die allgemeinen Prozeßvoraussetzungen und Prozeßhindernisse anwendbar ist, so bleibt zu erörtern, ob nicht nach einem Prinzip verfahren werden könnte, das wenigstens äußerlich dem Satz in dubio pro reo insoweit ähnelt, als es dem Angeklagten *prozessual* günstige Tatsachen als gegeben, ungünstige dagegen als nicht gegeben unterstellt. Es ist zu fragen, ob unsere Problemstellung durch eine Entscheidung „zugunsten des Angeklagten" einer Lösung zugeführt werden kann.

1. Die Problematik der „günstigen" Entscheidung

Die Frage, ob die Lösung unseres Problems durch eine Entscheidung „zugunsten des Angeklagten" herbeizuführen wäre, macht es erforderlich, zunächst einmal zu klären, was mit einer Entscheidung „zugunsten" des Angeklagten in diesem Zusammenhang überhaupt gemeint sein könnte. Es muß mit einem gewissen Erstaunen erfüllen, daß diese als Ausgangspunkt so überaus wichtige Frage in Literatur und Rechtsprechung fast gar nicht erörtert wird. Einzig Moser[1] und Stree[2] haben — soweit ersichtlich — einmal Zweifel geäußert, daß sich überhaupt sagen lasse, was „zugunsten" bedeute, da die Anwendung der prozessualen Grundsätze in dem einen konkreten Prozeß zum Nachteil des Angeklagten, in dem anderen aber zu seinem Vorteil sein könne[3].

a) Die Einstellung des Verfahrens als Ausgangspunkt

Literatur und Rechtsprechung haben sich stets ganz offensichtlich von den in der Praxis immer wieder in Erscheinung getretenen im darstellenden Teil ausführlich behandelten Fallgestaltungen leiten lassen, bei denen das oberflächliche Rechtsempfinden eine Entscheidung „zugunsten des Angeklagten" in der Einstellung des Verfahrens sehen mag. Daran ist nur richtig, daß die Frage, welche Entscheidung als die günstige anzusprechen wäre, von der Einstellung des Verfahrens angegangen werden muß, weil die Rechtsordnung nur die Alternative zwischen Einstellung und Fortführung des Verfahrens kennt. Die Einstellung als *die* günstige Entscheidung schlechthin stillschweigend vorauszusetzen, erschöpft jedoch nicht die Problematik. Ist die Einstellung auch die dem Angeklagten günstige Entscheidung, wenn nicht

---

1 In dubio pro reo, S. 104.

2 In dubio pro reo, S. 60.

3 *Moser*, S. 104.

geklärt werden kann, ob ein deutsches oder ein ausländisches Gericht zuständig ist, wenn ungewiß ist, ob ordnungsgemäß Anklage erhoben ist, ob der Angeklagte verhandlungsfähig ist, ob er es überhaupt ist, der in der Verhandlung erschienen ist?

Diese Fragen sind nicht in gleichem Maße unproblematisch wie die Frage nach der günstigen Entscheidung im materiellen Strafrecht. Eine Entscheidung „zugunsten" des Angeklagten treffen, Beweise zu seinen Gunsten würdigen, heißt im materiellen Strafrecht, zweifelhafte ungünstige Tatsachen als nicht gegeben erachten und günstige Tatsachen als gegeben unterstellen. Ungünstig sind dem Angeklagten alle Tatsachen, die geeignet sind, einen strafrechtlichen Tatbestand zu erfüllen und damit eine Verurteilung zu ermöglichen, günstig sind die Tatsachen, die der Annahme eines strafrechtlich relevanten Tatbestandes entgegenstehen oder eine Verurteilung vereiteln. Dabei ist die Qualifizierung als „günstig" oder „ungünstig" deshalb zulässig, weil die Erfüllung eines Straftatbestandes Strafe nach sich zieht und Strafe per definitionem einen negativen Sachverhalt zum Ausdruck bringt: „Die Strafe ist ein Übel, welches dem Verbrecher wegen seiner schuldhaften Verfehlung von Rechts wegen auferlegt wird[4]." Kein vernünftiger Mensch kann aber die Zufügung eines Übels für sich erstreben.

Die prozeßrechtlichen Regeln stellen demgegenüber in ihrer Mehrzahl nur Regeln für den Gang des Verfahrens dar und errichten keine Maßstäbe für die Frage, ob der Angeklagte zu verurteilen oder von Nachstellungen der strafenden staatlichen Gewalt freizustellen ist. Hier läßt sich nicht in gleichem Maße wie im materiellen Strafrecht sagen, daß jede Hemmung der staatlichen Gewalt die Wertung „günstig" rechtfertigt, weil diese sich nur auf den Fortgang des Strafverfahrens, nicht aber auf die grundsätzliche Frage nach der Erfüllung des gesetzlichen Tatbestandes bezieht, die staatliche Gewalt im Verlaufe des Verfahrens auf Grund einwandfrei zu ermittelnder Tatsachen z. B. aber auch zu der Erkenntnis gelangen könnte, daß der Angeklagte sich eines strafbaren Verhaltens nicht schuldig gemacht hat. Dann kann es für den Angeklagten sehr wohl ungünstig sein, wenn diese Feststellung durch die Hemmung des Verfahrens hinausgezögert oder vielleicht sogar gänzlich vereitelt würde[5]. Die — vorläufige oder endgültige — Einstellung des Verfahrens brauchte demnach nicht die günstige Entscheidung zu sein. Es muß daher weiter gefragt werden, ob eine Entscheidung „zugunsten" des Angeklagten im prozessualen Bereich überhaupt denkbar ist. Worauf könnte eine solche „günstige" Entscheidung gegründet werden?

---

[4] *Maurach*, Allgemeiner Teil, S. 76.

[5] Richtig daher *Henkel*, 2. Aufl., S. 352; *Sax* in *KMR-Kommentar*, Anm. 1 f (3) cc (2) vor § 48.

b) Die Bedeutung der subjektiven Vorstellung des Beschuldigten

Da die Aussage, etwas sei günstig oder ungünstig, eine Wertschätzung zum Ausdruck bringt, die, wie alle Wertschätzungen, letztlich einem subjektiven Wertgefühl entspringt, liegt es nahe, danach zu fragen, ob man nicht als günstig die Einstellung des Verfahrens bezeichnen könnte, wenn der Beschuldigte sie als günstig empfindet. Das würde dazu führen, daß in jedem Einzelfall zunächst ermittelt werden müßte, was der Beschuldigte oder Angeklagte subjektiv als „günstig“, was als „ungünstig“ empfindet, um dann eine entsprechende Entscheidung zu seinen Gunsten oder auch Ungunsten — je nachdem, welcher Auffassung man sich anschließt — fällen zu können. Dabei wird aber zu beachten sein, daß auch die Vorstellungen des Täters von dem, was günstig ist, entsprechend dem Fortgang des Verfahrens Wandlungen unterliegen können, etwa je nach den sich im wechselnden Prozeßgeschehen abzeichnenden Verfahrensaussichten. Das würde letztlich bedeuten, daß jedes Verfahren zunächst einmal zu Ende geführt werden müßte, um dem Angeklagten aus einer Gesamtschau des Verfahrens ein Urteil darüber zu ermöglichen, was für ihn persönlich unter den gegebenen Umständen als die günstige Entscheidung anzusprechen wäre. Es liegt auf der Hand, daß dieses Ergebnis nicht richtig sein *kann*. Es *ist* nicht richtig, weil subjektive Wertskalen von höchstpersönlichen, vielfach irrationalen Motiven geprägt sind. Die Entscheidung zugunsten oder zuungunsten des Angeklagten kann aber unmöglich davon abhängen, was gerade *dieser* Angeklagte in *diesem* Fall aus welchen Gründen auch immer, dazu erst am Ende des ganzen Verfahrens als günstig ansieht. Es gibt in unserer Rechtsordnung kein Beispiel dafür, daß der einzelne Anspruch auf Anerkennung dieser subjektiven Wertmaßstäbe hätte.

Eine solche Wertung wird sich auch nicht von einem objektivierten Standpunkt her vornehmen lassen, etwa in dem Sinne, daß es auf den Wertmaßstab eines vernünftig denkenden Angeklagten ankäme. Auch in diesem Fall hinge nämlich die Entscheidung letztlich von den wechselnden Gegebenheiten des Einzelfalles ab. Ebensowenig, wie es Aufgabe des Richters sein kann, die extrem subjektive Interessenlage des einzelnen Angeklagten zu berücksichtigen, kann es seine Aufgabe sein, etwa in jedem Stadium des Verfahrens nach objektivierten Kriterien die Interessen des Angeklagten abzuwägen.

c) Die Wertvorstellungen der Rechtsordnung

Wenn weder die subjektive Vorstellung des Angeklagten von dem, was zu seinen Gunsten ist, noch die Interessenlage des Angeklagten von einem objektivierten Standpunkt maßgeblich für die Frage sein kann, ob die Einstellung im Einzelfall eine „günstige“ Entscheidung ist, bleibt nur die Möglichkeit, sich auf objektive Maßstäbe zurückzuziehen. Diese Maßstäbe kann nur die Rechtsordnung selber setzen. Es wird daher zu fragen sein, ob die Rechtsordnung eine Entscheidung auf Einstellung des Verfahrens als „günstig“ oder „ungünstig“ zu qualifizieren vermöchte.

aa) Die Ausgestaltung der Einstellungsbestimmungen als Indiz

Als Indiz für die Wertvorstellungen der Rechtsordnung könnte hier die Rolle in Betracht kommen, die das Gesetz dem Beschuldigten im Falle einer Einstellung des Verfahrens einräumt. Dabei darf unberücksichtigt bleiben, daß das Gesetz den Beschuldigten in vielen Fällen von vornherein von einer Mitwirkung ausschließt, wenn das Verfahren ein bestimmtes Stadium noch nicht überschritten hat (z. B. §§ 153 Abs. 2; 153 a Abs. 1 StPO). Der Sinn solcher Regelung besteht offenkundig darin, das Verfahren nicht zu einem Zeitpunkt zu verkomplizieren, bis zu dem nur Ermittlungen geführt wurden und der Beschuldigte noch nicht mit den mit einem öffentlichen Strafverfahren verbundenen Lästigkeiten in Berührung gekommen ist. Um so bemerkenswerter ist, daß § 153 Abs. 3 StPO die Unanfechtbarkeit eines Einstellungsbeschlusses vorsieht, nachdem der Angeschuldigte zu der beabsichtigten Einstellung nur „angehört“ wurde, während die Staatsanwaltschaft ihr zustimmen mußte. Das könnte darauf hindeuten, als betrachte das Gesetz die Einstellung des Verfahrens als eine „günstige“ Entscheidung, gegen die es von Seiten des Angeklagten gewissermaßen nichts einzuwenden gebe. Dem wäre aber entgegenzuhalten, daß sich diese Regelung ausschließlich bei den Bagatelldelikten findet. Schon bei denjenigen Delikten, bei „denen das Gericht von Strafe absehen könnte“ (§ 153 a StPO), ist nach der Anklageerhebung die Einstellung des Verfahrens vor dem Beginn der Hauptverhandlung nur noch mit der Zustimmung des Angeklagten zulässig. Hierin kommt deutlich eine Anerkennung möglicher Interessen des Angeklagten am Fortgang des Verfahrens zum Ausdruck, durch die die Auffassung, die Einstellung des Verfahrens sei die „günstige“ Entscheidung, schlechthin widerlegt wird. In die gleiche Richtung weist der Verlust der Dispositionsbefugnis der Staatsanwaltschaft (§ 156 StPO).

Schließlich müssen in diesem Zusammenhang die Vorschriften §§ 206 a und 260 Abs. 3 StPO gesehen werden. Dabei ließe sich folgern, daß die Möglichkeit der Einstellung des Verfahrens im Beschlußverfahren nach § 206 a StPO und die Verpflichtung zur Einstellung im Urteilsverfahren nach § 260 Abs. 3 StPO anstelle der völligen Durchführung des Verfahrens schon anzeigten, daß die Einstellung als der unproblematischere und kürzere modus procedendi zugleich die „günstigere“ Entscheidung beinhalte. Dem steht aber entgegen, daß sowohl der Beschluß nach § 206 a StPO als auch das Urteil nach § 260 Abs. 3 StPO die Möglichkeit der Anfechtung kennen, ohne daß diese Anfechtbarkeit — zumindest dem Wortlaut des Gesetzes nach — auf die Staatsanwaltschaft beschränkt wäre. Auch damit wäre wieder ein Argument gegen die Auffassung gewonnen, daß die Einstellung des Verfahrens von vornherein als die günstige Entscheidung anzusehen wäre.

bb) Folgerungen aus der Lehre vom Erfordernis einer Beschwer

Mit dem Hinweis auf die Anfechtbarkeit des Einstellungsbeschlusses nach § 206 a StPO bzw. des Einstellungsurteils nach § 260 Abs. 3 StPO durch den Angeklagten ist freilich an eine Problematik gerührt, die weiterer Vertiefung bedarf. Es geht um das Problem des Erfordernisses einer Beschwer als Zulässigkeitsvoraussetzung für den Gebrauch eines der oben bezeichneten Rechtsbehelfe.

Bekanntlich wird sowohl zu § 206 a Abs. 2 als auch zu § 296 StPO verschiedentlich die Ansicht vertreten, daß das Rechtsmittel mangels einer Beschwer nicht dem Angeklagten zustehe[6]. Demgegenüber sind andere der Auffassung, daß auch bei Einstellungsbeschlüssen und Einstellungsurteilen eine Beschwer des Angeklagten gegeben sein könne[7]. Diese — vielfach noch sehr differenzierten — Äußerungen brauchen hier im einzelnen nicht wiedergegeben zu werden, weil die sehr umfangreiche und bis heute umstrittene Problematik der Notwendigkeit einer Beschwer für unsere Frage letztlich auf sich beruhen kann.

Diejenige Meinung, die dem Angeklagten — unter welchen Voraussetzungen auch immer — bei einer Einstellung des Verfahrens das Recht zum Gebrauch eines Rechtsmittels zubilligt, erkennt damit nicht nur ein persönliches, sondern auch ein rechtliches Interesses an einem Fortgang des Verfahrens (um zum Beispiel zu einem Freispruch zu gelangen) an. Diese Auffassung muß im Rahmen unserer Problematik zu dem Ergebnis gelangen, daß die Einstellung des Verfahrens nicht schlechthin die „günstige“ Entscheidung darstellt. Anderenfalls wäre es widersinnig, dem Angeklagten Rechtsmittel zuzubilligen. Es bleibt

---

[6] Für § 206 a, Abs. 2 vgl. *Kleinknecht*, Anm. 3; *KMR-Kommentar*, Anm. 3 a; für § 296 *Kleinknecht*, vor § 296, Anm. 4 B; BGHSt 7, 153; 16, 374.

[7] Für § 206 a, Abs. 2 vgl. *Löwe/Rosenberg*, Anm. 7; *Eb. Schmidt* in Lehrkommentar, Anm. 7; für § 296 *KMR-Kommentar*, Vorbem. 4 b (2).

sogar zweifelhaft, ob die Einstellung im Einzelfall die günstige Entscheidung ist, denn dies läßt sich ohne eine genaue Übersicht über das ganze Verfahren nicht sagen, weil Schuld oder Nichtschuld, von denen letztlich die Beurteilung der Günstigkeit der Entscheidung abhängt, vor der Rechtskraft des Sachurteils nicht festgestellt sind[8].

Aber auch diejenige Auffassung, die dem Angeklagten das Recht zur Einlegung eines Rechtsmittels mangels Beschwer abspricht, sagt nichts darüber aus, ob die Einstellung des Verfahrens gegenüber seiner Fortführung mit der Möglichkeit des Freispruchs die günstigere Entscheidung ist. Diese Auffassung beschränkt nämlich lediglich aus prozeßökonomischen Erwägungen die Möglichkeiten des Angeklagten im Gebrauch von Rechtsbehelfen bei Einstellungen. Es soll eine „überschießende Aufklärung“, eine untragbare Mehrbelastung der Gerichte[9] vermieden werden, indem die Aufgabe der Strafgerichte begrenzt wird. Es mag dahinstehen, ob Eberhard Schmidt recht hat, wenn er zu bedenken gibt, daß bezweifelt werden könne, ob dies vom Standpunkt des Angeklagten aus eine überzeugende Begründung ist[10]. Entscheidend ist in diesem Zusammenhang, daß die Frage, welche Entscheidung die für den Angeklagten günstige ist, von dieser Auffassung bewußt ausgeklammert wird.

2. Die „günstige“ Entscheidung als falscher Bezugspunkt

Die vorangegangenen Ausführungen haben gezeigt, daß sich in der Alternative Einstellung oder Fortführung des Verfahrens nicht bestimmen läßt, welche Entscheidung die unter allen Umständen günstige ist. Auf die subjektive Wertvorstellung des Beschuldigten kann es nicht ankommen, und die Rechtsordnung gibt uns keinen verbindlichen Maßstab. Wenn sich aber nicht sagen läßt, welche Entscheidung denn nun den Beschuldigten begünstigt, dann kann dies nur zu dem Schluß führen, daß die Frage, ob etwa bei zweifelhaften Prozeßvoraussetzungen oder Prozeßhindernissen „zugunsten des Angeklagten“ zu entscheiden sei, überhaupt nicht zu beantworten ist. Damit wird spätestens jetzt deutlich, daß schon eine solche Fragestellung verfehlt ist. Wo es bereits an der Prämisse fehlt, es werde sich bei Auftauchen eines Zweifels an dem Vorliegen einer Prozeßvoraussetzung oder eines Prozeßhindernisses bestimmen lassen, ob die Einstellung des Verfahrens oder seine Fortführung günstiger ist, wird jeglichem Bemühen um eine Antwort auf die Frage, ob im Zweifelsfalle „zugunsten des Angeklagten“ zu ent-

---

8 *Henkel*, 2. Aufl., S. 352.

9 *KMR-Kommentar*, Vorbem. vor § 296, Anm. 4 b.

10 Lehrkommentar II, § 296, Rdnr. 19.

scheiden ist, der Boden entzogen. Die unabweisliche Konsequenz dieser Feststellung muß sein, endgültig Abschied von der Vorstellung zu nehmen, die Beantwortung unserer Frage könne etwa in dem Problemkreis „in dubio pro reo“ oder „Entscheidung zugunsten des Angeklagten“, also in Denkkategorien des materiellen Rechts, gefunden werden. Es ist deutlich geworden, daß solche Überlegungen für das Prozeßrecht zu keinem Ergebnis führen.

IV. Die Lösung unseres Problems über die Frage nach der Zulässigeit des Verfahrens

1. Die allgemeine Funktion der Prozeßvoraussetzungen als Ausgangspunkt

Wenn die Frage, ob ein unerklärbarer Zweifel an den tatsächlichen Voraussetzungen einer Prozeßvoraussetzung oder eines Prozeßhindernisses zugunsten oder zuungunsten des Angeklagten wirken müsse, bereits im Ansatz falsch ist[1], so bleibt nur die Möglichkeit, das Problem, wie im Zweifelsfalle zu entscheiden ist, von der allgemeinen Funktion der Prozeßvoraussetzungen und Prozeßhindernisse her in Angriff zu nehmen. Allein die Aufgabe der Prozeßvoraussetzungen bzw. Prozeßhindernisse im Rahmen des prozessualen Geschehens vermag dann Aufschluß darüber zu geben, in welche Richtung Überlegungen zur Lösung der Zweifelssituation gehen müssen.

„Prozeßvoraussetzungen sind Umstände, von denen es abhängt, ob das auf sachliche Entscheidung gerichtete Verfahren als solches in der bestimmten Einzelsache vor dem damit befaßten Gericht zulässig ist[2].“ Die Frage nach dem Vorhandensein oder Nichtvorhandensein einer Prozeßvoraussetzung oder eines Prozeßhindernisses ist also unlösbar verknüpft mit der Frage nach der Zulässigkeit des Verfahrens überhaupt als der unabdingbaren Voraussetzung für die Prüfung der Strafbarkeit eines Tatgeschehens. Der entscheidende Gesichtspunkt unseres Problems ist also, ob ein Verfahren, dessen Zulässigkeitsvoraussetzungen zweifelhaft sind, noch als zulässig erachtet werden kann, oder ob es mangels einer prozessualen Grundlage als unzulässig bezeichnet werden müßte[3]. Allein von der Frage nach der Zulässigkeit des Verfahrens werden demnach alle weiteren Überlegungen auszugehen haben.

---

[1] So auch *KMR-Kommentar,* Vorbem. vor § 48, Anm. 1 f (3) cc (2); ihm folgend jetzt *Henkel,* 2. Aufl., S. 352.

[2] *KMR-Kommentar,* Einleitung 11 b.

[3] *KMR-Kommentar,* Vorbem. vor § 48, Anm. 1 f (3) cc (2); *Henkel,* 2. Aufl., S. 352.

2. Das Spannungsverhältnis zwischen Rechtssicherheit und materieller Gerechtigkeit

Die Behandlung unseres Problems in Literatur und Rechtsprechung hat gezeigt, daß es sich in den dort behandelten Fällen, einerlei, ob eine allgemeine Lösung durch die generelle Übertragung des Grundsatzes in dubio pro reo oder eine auf die einzelne Prozeßvoraussetzung oder das einzelne Prozeßhindernis zugeschnittene Lösung befürwortet wurde, im Grunde genommen selber schon stets auf das Spannungsverhältnis zwischen materieller Gerechtigkeit und Rechtssicherheit reduzierte. Diese mißliche Situation dauert auch unter dem neuen Gesichtspunkt fort: Wird trotz der Zweifelhaftigkeit einer Prozeßvoraussetzung das Verfahren durchgeführt, so kann es sein, daß der Beschuldigte zur Rechenschaft gezogen wird, obwohl das Verfahren gegen ihn überhaupt nicht zulässig war, wird es nicht durchgeführt, kann es sein, daß ein Schuldiger seiner gerechten Strafe entgeht. Dies gilt ohne Ausnahme, wenngleich mit gewissen Nuancen, in allen, auch den von der Literatur völlig vernachlässigten und in der Rechtsprechung bisher offenbar ohne Bedeutung gebliebenen Fällen zweifelhafter Prozeßvoraussetzungen. Jede Verfahrensverletzung stellt einen Eingriff in die Rechtssicherheit dar, denn ein geregeltes Verfahren ist Ausdruck des Strebens nach Rechtssicherheit. Gleichzeitig ist aber jede Behinderung des Verfahrens, mag sie auch nur vorübergehend eintreten, zumindest eine mögliche Verletzung des Gebots zur Verwirklichung der materiellen Gerechtigkeit. Mit Recht ist daher verschiedentlich hervorgehoben worden, daß die Lösung unseres Problems innerhalb des Spannungsverhältnisses zwischen Rechtssicherheit und materieller Gerechtigkeit gesucht werden müsse[4].

Die Auflösung dieses Spannungsverhältnisses kann jedoch nicht, wie dies bisher in der Regel geschehen ist, dadurch vollzogen werden, daß man, generell oder im Einzelfall, die Höherwertigkeit entweder der materiellen Gerechtigkeit oder aber der Rechtssicherheit betont. Wie die Austauschbarkeit der Argumente in einer Reihe von Fällen und das Eintreten für verschiedene Ergebnisse mit derselben Begründung gelehrt haben, entscheidet dann vielfach nicht zuletzt die subjektive Wertung über die Rangfolge dieser beiden Rechtsstaatsprinzipien, und man gerät in die Gefahr, sich im Kreise zu bewegen. Es ist daran festzuhalten, daß materielle Gerechtigkeit und Rechtssicherheit Inhalte eines gemeinsamen übergeordneten Prinzips, nämlich des Rechtsstaatsprinzips und damit grundsätzlich einander gleichwertig sind. Unter dieser Voraussetzung wird der Versuch einer Lösung dieses „Konflikts der Gerechtigkeit mit sich selbst“[5], in dem „das Pendel der Höherschätzung

[4] Vgl. BGHSt 18, 278; *Stree*, in dubio pro reo, S. 66, 71, 75.
[5] *Radbruch*, SJZ 46, 107.

der einen oder der anderen Maxime bald nach der einen, bald nach der anderen Seite auszuschwingen pflegt"[6], von der Suche nach dem maßgeblichen Bezugspunkt ausgehen müssen, an dem unter Berücksichtigung unserer Fragestellung die Entscheidung für die Gerechtigkeit oder für die Rechtssicherheit fällt.

3. Die Lösung des Spannungsverhältnisses zwischen Rechtssicherheit und materieller Gerechtigkeit

a) Der Bezugspunkt: Die sittlichen Fundamente unserer Rechtsordnung

In der verfassungsrechtlichen Literatur und Rechtsprechung findet sich immer wieder der Gedanke, daß Rechtsfriede und Rechtssicherheit für die Rechtsstaatlichkeit von so zentraler Bedeutung seien, daß um ihretwillen die Möglichkeit einer im Einzelfall vielleicht unrichtigen Entscheidung in Kauf genommen werden müsse[7]. Diese Äußerungen können für die Lösung unseres Problems deshalb nicht maßgebend sein, weil sie von Sachverhalten ausgehen, in denen auf Grund zweifelsfreier tatsächlicher Gegebenheiten ein echter Konflikt zwischen Gerechtigkeit und Rechtssicherheit aufgetreten war[8]. Demgegenüber liegt die Besonderheit unserer Problematik darin, daß der Konflikt zwischen Rechtssicherheit und materieller Gerechtigkeit ohne Anlehnung an ein sicheres tatsächliches Geschehen theoretisch gelöst werden muß. Die Frage, welcher Bezugspunkt in Betracht kommt, auf den beide Rechtsstaatsprinzipien projiziert werden könnten, wird dann von anderen Erwägungen her zu beantworten sein.

Sax[9] meint, daß „einzig und allein die Rechtsstaatlichkeit des prozessualen Verfahrens" Bezugspunkt aller prozessualen Erwägungen sein könne. Aber auch damit ist nichts gewonnen. Rechtsstaatlich ist das Verfahren, wenn es vom Recht beherrscht wird, denn Rechtsstaatlichkeit bedeutet „Herrschaft des Rechts über alle Zweige der Staatsgewalt"[10]. Dann erhebt sich freilich alsbald die Frage, was denn nun Rechtens sein soll, wenn tatsächliche Zweifel bestehen und beide Lösungen richtig sein können. Der Begriff der Rechtsstaatlichkeit könnte hier nur weiterhelfen, wenn a priori feststünde, welche Entscheidung unter Berücksichtigung der „Rechtsstaatlichkeit des prozessualen Verfahrens" die einzig gerechte ist. Der Rechtsstaatsbegriff ist aber nicht von

---

6 *Bachof,* DVBl. 53, 602.

7 BVerfGE 2, 403 ff; h. M., vgl. *Hamann/Lenz,* S. 57; *Reinecke,* NJW 52,3 ff.

8 Vgl. den Fall in BVerfGE 2, 381 ff.

9 *KMR-Kommentar,* Vorbem. vor § 48, Anm. 1 f(3) cc (2); ähnlich *Eb. Schmidt* in Anm. zu BGH JZ 63, 605 in JZ 63, 606.

10 *v. Mangoldt/Klein,* S. 600.

apriorischer Natur; das Wort Rechtsstaat ist so vieldeutig wie die Wortbestandteile „Recht“ und „Staat“[11]. Carl Schmitt[12] hat zutreffend darauf hingewiesen, daß es „einen feudalen, einen ständischen, einen bürgerlichen, einen nationalen, einen sozialen, ferner einen naturrechtlichen, vernunftrechtlichen, historisch-rechtlichen Rechtsstaat“ gibt. Die Vorstellungen von dem, was Rechtsstaatlichkeit beinhaltet, können demnach Wandlungen unterliegen und sind folglich relativ. Auch wenn davon auszugehen ist, daß der Rechtsstaat des Grundgesetzes mit dem bürgerlichen Rechtsstaat identisch ist[13], in dem Gewaltenteilung, die Gewährung persönlicher Grundrechte, der Begriff des formellen Gesetzes, die Gesetzmäßigkeit von Justiz und Verwaltung, die Meßbarkeit der staatlichen Machtäußerung und der justizförmige Rechtsschutz wesentliche Elemente sind[14], ist damit noch keine Antwort auf die Frage vorgezeichnet, wie in einer unter allen diesen Voraussetzungen stehenden Strafverhandlung zu entscheiden ist, wenn sich herausstellt, daß das Vorhandensein einer Prozeßvoraussetzung oder eines Prozeßhindernisses nicht zu klären ist.

Der Begriff „Rechtsstaatlichkeit“ wird daher im Hinblick auf das Strafverfahren näher zu umschreiben sein. Dies wird nicht ohne einen Blick auf die im Strafverfahren zum Ausdruck kommenden Prinzipien möglich sein.

Der Strafprozeß ist eine „Gemeinschaftszwangsreaktion gegen einen bestimmten Täter wegen eines bestimmten gemeinschaftsschädlichen Verhaltens“[15]. Diese Zwangsreaktion kann sehr verschiedene Gestalt annehmen und daher für den Angeklagten zu sehr unterschiedlichen Folgen führen. Welche Gestalt sie annimmt, hängt davon ab, auf welche sittlichen Fundamente die Gemeinschaft ihre Reaktion gegründet hat.

Damit ist an das fundamentale Thema gerührt, was letzter Sinn und Zweck der Rechtsordnung überhaupt ist. In dieser Frage stehen sich schon seit jeher zwei völlig entgegengesetzte Anschauungen gegenüber, Anschauungen von einer Verschiedenheit, „die Volkscharaktere so oder so prägen kann, die das Verhältnis des einzelnen zur Rechtsordnung so oder anders bestimmt, die Kriege entzündet hat“[16], einer Verschiedenheit, die aus der Frage erwächst: „Steht der einzelne Mensch oder die Gesamtheit, der Staat, im Mittelpunkt des Rechts? Wer hat den höheren Rang[17]?“

---

[11] *v. Mangoldt/Klein*, S. 600; *Klein*, S. 395 - 397.

[12] Legalität und Legitimität, S. 19.

[13] *v. Mangoldt/Klein*, S. 602; *Klein*, S. 398 ff.; *Maunz*, S. 72 ff.

[14] *v. Mangoldt/Klein*, S. 601; *Maunz*, S. 72.

[15] *Sax* in „Die Grundrechte“ III/2, S. 967.

[16] *Nipperdey* in „Die Grundrechte“ II, S. 9.

[17] *Nipperdey*, ebd., S. 9.

In dieser Frage hat unsere Rechtsordnung die Grundentscheidung zugunsten der Würde des Menschen getroffen. „Im Mittelpunkt unseres Wertsystems stehen der Mensch und die Werte, die das Leben allein lebenswert machen und die allein freier Menschen würdig sind. An der Spitze der Rechtsordnung steht als höchster Wert: die Würde des Menschen[18]." Diese Maxime würde zwar auch dann Geltung beanspruchen, wenn sie im Grundgesetz nicht niedergelegt wäre[19]. Durch ihre Normierung an der Spitze des Grundgesetzes ist aber zum Ausdruck gebracht, daß sie eine aktuell geltende Norm des objektiven Verfassungsrechts, nicht nur eine phrasenhafte und ethische Deklamation ohne Verbindlichkeit für den Gesetzgeber darstellt[20]. In der praktischen Anwendung bedeutet dieser Grundsatz, daß alle Rechtsnormen bei ihrem Ergehen und bei ihrer Anwendung mit ihm in Einklang gebracht werden müssen. „Als unmittelbar wirksame Norm des objektiven Verfassungsrechts in der Form einer allgemeingültigen Generalklausel setzt der Satz von der Menschenwürde insbesondere der staatlichen Hoheit in allen Aufgabenbereichen eine unübersehbare Grenze[21]."

Damit ist auch die Aufgabe des Strafverfahrens vorgezeichnet. Die Strafrechtspflege kann „entscheidend von Erwägungen sozialnützlicher Verbrechensbekämpfung" bestimmt sein[22]. Es ist Eberhard Schmidt[23] ohne Bedenken zuzustimmen, daß es in vielen Fällen sicherlich ohne Schaden für Wahrheit und Gerechtigkeit möglich wäre, die Verwirklichung des materiellen Strafrechts ohne jegliches Verfahren durch raschen staatlichen Zugriff durchzuführen. Wenn sich gleichwohl diese Verwirklichung in unserer Rechtsordnung nur in einem geregelten Verfahren vollziehen kann, so beruht die hierin zum Ausdruck kommende Selbstbeschränkung der staatlichen Macht auf der Erkenntnis, daß es mit dem Wesen des Menschen als vernunftbegabten, selbständigen Denkens und Handelns fähigen Individuums nicht vereinbar ist, den einzelnen zum bloßen Objekt staatlicher Machtdemonstation herabzuwürdigen. Im Strafverfahren ist also die Idee der Rechtssicherheit verwirklicht, die „um der Menschenwürde und der Freiheit des einzelnen willen den Staat zwingt, die Betätigung seiner Strafgewalt nicht nur an materiellrechtliche Voraussetzungen zu binden ..., sondern auch ihrem Walten im einzelnen Fall durch wohltätige Formen und Regeln

---

18 *Nipperdey*, ebd., S. 9; *Hubmann*, S. 39 ff.; *Coing*, SJZ 47, 641; *ders.*, Die Obersten Grundsätze des Rechts, S. 64 ff.; *Hartmann*, S. 219 ff.

19 *Nipperdey*, ebd., S. 8; *v. Mangoldt/Klein*, S. 146; *Hamann/Lenz*, S. 126; BayVGH GVBl. 50, 104; 53, 17; E 1951, 51.

20 *v. Mangoldt/Klein*, S. 146; *Hamann-Lenz*, S. 127; *Dürig*, JR 52, 260.

21 *v. Mangoldt/Klein*, S. 147.

22 *Sax* in „Die Grundrechte" III/2, S. 967.

23 Lehrkommentar I, Rdnr. 26.

eine rechtliche Ordnung zu sichern“[24]. Weil Gegenstand des Strafverfahrens nicht Rechtsbeziehungen sind, die als materielle Werte der Verfügungsgewalt des Menschen unterliegen, sondern das Verfahren unmittelbar auf den Menschen und seine Beziehungen zur Umwelt abzielt, bedeuten die prozessualen Vorschriften im Strafverfahren die von der staatlichen Autorität getragene Verflichtung der staatlichen Gewalt, durch ihre Selbstbeschränkung der spezifischen Eigenheit des Menschen Rechnung zu tragen und die ihm nach unseren Vorstellungen angeborenen unveräußerlichen Werte zu garantieren. Jedes Abweichen von diesem Prinzip bedeutet dann eine Verletzung der dem Strafverfahren zugrunde liegenden Idee und damit unmittelbar eine Gefährdung des sittlichen Fundaments, auf dem unsere Rechtsordnung ruht. Jede Entscheidung im Rahmen unserer Problemstellung wird sich daher immer an diesem sittlichen Fundament zu orientieren haben. Hier liegt der Bezugspunkt, an dem alle prozessualen Erwägungen zu messen sein werden.

b) Die Funktion der einzelnen Prozeßvoraussetzung im Strafverfahren

Auch die Prozeßvoraussetzungen und Prozeßhindernisse sind — schon von ihrer Bezeichnung her — Ausdruck der Beschränkung der staatlichen Gewalt. Sie sind damit „mehr als bloße Formalien, sie sind Wertentscheidungen im Hinblick auf eine umfassende Gerechtigkeitsverwirklichung“[25]. Freilich ist damit noch nichts darüber ausgesagt, wie die Entscheidung im Einzelfall zu lauten hat, wenn wegen der zweifelhaften tatsächlichen Umstände zweifelhaft ist, ob die staatliche Gewalt durchgreifen darf oder nicht. Hier wird eine generelle Antwort unter Berücksichtigung des oben aufgezeigten sittlichen Fundaments unserer Rechtsordnung nicht möglich sein. Die Antwort wird vielmehr von dem Inhalt der einzelnen Wertentscheidung abhängen. Dieser wird daher zu ermitteln und an unserem Bezugspunkt zu messen sein, um die unter allen Gesichtspunkten gerechteste Entscheidung zu finden. Es ist „die besondere Funktion zu ergründen, die die betreffende Bestimmung als Teilvorkehrung zur Verwirklichung der staatlichen Pflicht zur gerechten Justizgewährung zu erfüllen hat“[26]. Aus dieser besonderen Funktion wird letztlich die Entscheidung im Einzelfall nur abgeleitet werden können.

---

[24] *Eb. Schmidt,* ebd., Rdnr. 28.

[25] *Sax* in Anm. zu BGH 5 StR 52/57 in JZ 58 177.

[26] *Sax,* JZ 58, 177; *KMR-Kommentar,* Anm. 1 f (3) cc (2) vor § 48 und Festschrift für Stock, S. 169; *Henkel,* 2. Aufl., S. 352, 353.

aa) Ordnungsgemäße Anklageerhebung

Sinn der Anklageerhebung durch Einreichung einer ordnungsgemäßen Anklageschrift (§ 200 StPO) ist es zum einen, dem Gericht einen Überblick über die Sachlage zu geben und erkennen zu lassen, wie die Staatsanwaltschaft rechtlich und tatsächlich über die Sache denkt, zum anderen, und darin dürfte der Schwerpunkt zu sehen sein, dem Angeschuldigten die Beweise mitzuteilen und ihm Kenntnis über die Richtung und Begründung der Beschuldigung zu geben[27]. Ziel dieser Regelung ist es offenkundig, dem Angeschuldigten eine sinnvolle Vorbereitung auf die Verteidigung zu ermöglichen. Ihr ist damit letztlich eine Sicherungsfunktion im Rahmen des grundgesetzlich verankerten Anspruchs auf Gewährung rechtlichen Gehörs vor Gericht (Art. 103 Abs. 1 GG) zugewiesen. Diese Sicherungsfunktion wird so ernst genommen, daß ein Verfahren trotz Vorliegens eines Eröffnungsbeschlusses, sollte es am Erfordernis einer Anklageschrift fehlen, nach § 206 a StPO eingestellt werden müßte[28]. Ebenso wäre zu verfahren, wo wesentliche Mängel der Anklageschrift vorhanden sind, welche einem völligen Fehlen der Anklageschrift gleichstehen[29]. Bei minder schweren Mängeln hat das Gericht die Eröffnung der Hauptverhandlung nach § 204 StPO abzulehnen, oder es kann die im Anklagesatz mangelhafte Anklageschrift zur Beseitigung des Mangels zurückgeben[30] und die Entscheidung über die Eröffnung des Hauptverfahrens bis dahin aussetzen[31]. Diese Konsequenzen einer Fehlerhaftigkeit der Anklageschrift unterstreichen die Bedeutung, die auch diesem Teilelement des gesamten Strafverfahrens beigemessen wird. Dann ist aber bereits an dieser Stelle die Frage gerechtfertigt, wie es vertreten werden sollte, daß das Verfahren seinen Fortgang nimmt, obwohl — aus welchen Gründen auch immer — nicht mehr festgestellt werden kann, ob die ursprünglich eingereichte Anklageschrift den gesetzlichen Erfordernissen entsprach, ob sie überhaupt eingereicht wurde, obwohl also ungewiß ist, ob die im Interesse des Angeschuldigten dem Verfahren beigegebene Sicherung gewährleistet ist. Diese Frage ist um so berechtigter, als es sich sowohl bei der Aussetzung des Verfahrens als auch bei der Ablehnung seiner Eröffnung[32] oder gar seiner Einstellung[33] nur um vorläufige Maßnahmen handelt, die der ordnungsgemäßen Neuerhebung der Anklage nicht

---

[27] *Löwe/Rosenberg,* § 200, Anm. 2; *Peters,* S. 386; *Eb. Schmidt,* Lehrkommentar II, § 200, Anm. 2; BGH NJW 54, 360.

[28] *Löwe/Rosenberg,* § 200, Anm. 15.

[29] *Löwe/Rosenberg,* § 200, Anm. 15.

[30] *KMR-Kommentar,* § 200, Anm. 4 a.

[31] OLG Oldenburg NJW 52, 90.

[32] *Löwe/Rosenberg,* § 200, Anm. 13.

[33] *Löwe/Rosenberg,* § 206 a, Anm. 7.

entgegenstehen. Die materielle Gerechtigkeit braucht also keine Einbuße zu erleiden[34]; die Staatsanwaltschaft braucht nur eine ordnungsgemäße neue Anklageschrift einzureichen und kann auf diese Weise die Sicherungsfunktion des § 200 StPO mit den Erfordernissen der materiellen Gerechtigkeit in Einklang bringen. Eine Beeinträchtigung der materiellen Gerechtigkeit wäre dann allenfalls in einem solchen extremen Fall vorstellbar, in dem durch die Zurückweisung einer nicht mehr auffindbaren möglicherweise fehlerhaften Anklageschrift die Gefahr der Verjährung heraufbeschworen würde, weil eine lediglich verneinende Entscheidung für eine Unterbrechung der Verjährung nicht geeignet ist[35]. Unterstellt man einmal, daß diese Gefahr tatsächlich nicht gebannt werden könnte, dann fragt sich, woraus es gerechtfertigt werden sollte, auf die der Anklageschrift zufallende Sicherungsfunktion ausgerechnet in einem solchen Fall möglicherweise zu verzichten, obwohl gerade der Angeschuldigte auf die ordnungsgemäße Fertigung der Anklageschrift überhaupt keinen Einfluß hat. Wenn prozessuale Einrichtungen wie die der Anklageschrift glaubhaft gehandhabt werden sollen, dann muß feststehen, daß der Angeschuldigte voll in den Genuß des Schutzes gekommen ist, den ihm solche Einrichtungen gewährleisten sollen. Eine Gemeinschaft, die es in Grenzsituationen mit der von ihr gesetzten Rechtsordnung nicht genau nimmt, setzt sich der Gefahr aus, das sittliche Fundament auszuhöhlen, auf dem sie diese Rechtsordnung errichtet hat.

bb) Eröffnungsbeschluß

Der Sicherung des Individuums dient auch der Eröffnungsbeschluß. Ihm obliegt die negative Kontrollfunktion, durch die der Angeklagte die Garantie erhalten soll, daß durch einen gerichtlichen Beschluß festgestellt wird, ob er den mit einer Hauptverhandlung verbundenen erheblichen Nachteilen ausgesetzt werden soll[36]. Dem Angeklagten soll damit ein „fairer Schutz gegen untunliche Hauptverhandlungen"[37] gewährleistet werden. Die Kritiker dieser Regelung[38] wenden sich im Grunde genommen nicht gegen die negative Kontrollfunktion, sondern gegen die durch die Ausgestaltung des derzeitigen Verfahrens begün-

---

[34] Die Frage, ob bei vorangegangener Voruntersuchung das Gericht aussetzen oder ablehnen darf — vgl. *Löwe/Rosenberg*, § 200, Anm. 13 gegen *KMR-Kommentar*, § 200, Anm. 4 a — kann hier auf sich beruhen, da das Verfahren in jedem Falle weitergehen würde.

[35] *Schönke/Schröder*, § 68, Rdnr. 9.

[36] *Dallinger*, StPO, Vorbem. vor § 198.

[37] *Germann*, NJW 60, 758.

[38] Vgl. *Eb. Schmidt*, Lehrkommentar I, Rdnr. 161, Fußnote 285; *Roesen*, NJW 59, 1861.

stigte Oberflächlichkeit der Handhabung der Eröffnungsprüfung, die der Bundesgerichtshof[39] mit Recht mit dem Hinweis tadelt, sie verkenne die Verantwortung, die das Gericht mit der Eröffnung des Hauptverfahrens übernimmt und die Bedeutung, die der Inhalt der Entscheidung für das gerichtliche Verfahren und für die Verteidigung des Angeklagten hat. Die innere Gewichtung des Eröffnungsbeschlusses, an der auch die Neuregelung durch das StPÄG vom 19. 12. 1964[40] inhaltlich nichts geändert hat[41], bleibt indes durch die in der Praxis sich negativ auswirkende Unzulänglichkeit der Ausgestaltung des Verfahrens unberührt: Das Zwischenverfahren ist eine aus rechtsstaatlichen Erwägungen wegen der mit dem Hauptverfahren verbundenen Eingriffe in die Individualsphäre im Interesse des Angeklagten institutionalisierte Selbstbeschränkung der staatlichen Gewalt. Sie wird von der Rechtsprechung so ernst genommen, daß, wenn der Mangel des Eröffnungsbeschlusses in der Hauptverhandlung nicht mehr geheilt werden kann[42], noch nicht einmal der Verzicht der Beteiligten, also auch des Angeklagten, auf die Einhaltung der Verfahrensvorschrift den Mangel heilen kann[43]. Unter diesen Voraussetzungen kann es keinen Streit darüber geben, daß die bloße Möglichkeit des Fehlens oder der wesentlichen Fehlerhaftigkeit des Eröffnungsbeschlusses genügen muß, um das Verfahren zu Fall zu bringen[44]. Ein Staat, der mit dem Zwischenverfahren eine unverzichtbare Sicherungsfunktion zugunsten des Angeklagten in das Strafverfahren einfügt, handelt seinen eigenen Prinzipien zuwider, wenn er es in Kauf nimmt, daß diese Sicherungsfunktion im Einzelfall außer Betracht bleibt. Diese Prinzipien zu verlassen besteht um so weniger Anlaß, als mit der Einstellung des Verfahrens in diesem Fall der staatliche Anspruch auf Verwirklichung der materiellen Gerechtigkeit noch nicht erloschen ist. Nach Beseitigung des Prozeßhindernisses, das ja in diesem Fall keine dauernde Sperrwirkung hat, weil die fehlerhafte Prozeßhandlung jederzeit nachgeholt werden kann, besteht nämlich die Möglichkeit, ein neues gerichtliches Verfahren in Gang zu bringen, das mit einer neuen Anklage in die Wege geleitet werden muß[45]. Wo dieses neue Verfahren ausnahmsweise im Hinblick

---

39 NJW 55, 641.

40 BGBl. I, 1067.

41 *KMR-Kommentar,* § 207, Anm. 1 und Vorbem. 3 a, b vor § 198; *Eb. Schmidt,* Lehrkommentar I, Rdnr. 161, Fußnote 285 a E.

42 RGSt 31, 104; *Erbs,* § 203, Anm. V.

43 So RGSt 55, 159 für den Fall einer unterbliebenen Eröffnung des Hauptverfahrens.

44 So *Löwe/Rosenberg,* § 203, Anm. 5 für den Fall der Unwiderleglichkeit des Vorbringens, es hätten nur zwei Richter am Eröffnungsbeschluß mitgewirkt.

45 *KMR-Kommentar,* § 207, Anm. 4 v a. E.

auf eine mittlerweile eintretende Verjährung zu spät kommen sollte, müßten dieselben Grundsätze gelten, wie bei der möglicherweise fehlenden oder fehlerhaften Anklageerhebung[46]. Das Verfahren müßte dann endgültig eingestellt werden. Da der Angeklagte auf die ordnungsgemäße Fertigung des Eröffnungsbeschlusses keinerlei Einfluß hat, ist nicht einzusehen, warum er letztlich so gestellt werden sollte, als ob es völlig zweifelsfrei gewesen sei, daß das Verfahren ordnungsgemäß eröffnet wurde. Bestehen Zweifel, ob ein ordnungsgemäßer Eröffnungsbeschluß vorliegt und führen solche Zweifel zur Einstellung des Verfahrens, so kann dieses Ergebnis nicht plötzlich anders lauten, weil über diesen Zweifeln die Verjährung der Straftat eingetreten ist.

cc) Zuständigkeitsvoraussetzungen

(1) Deutsche Gerichtsbarkeit

Mit der Frage, ob die deutsche Gerichtsbarkeit überhaupt zur Entscheidung über ein strafrechtlich relevantes Geschehen berufen ist, wird die Problematik der persönlichen und sachlichen Exemtion angeschnitten.

In der Praxis geht es darum, ob diese Person wegen dieses Sachverhalts von einem deutschen Gericht nach den Regeln des deutschen Strafprozesses abgeurteilt werden darf oder ob einer solchen Aburteilung die Exterritorialität des Täters entgegensteht. Im Rahmen unserer Fragestellung bedeutet das, ob ein Täter zur Rechenschaft gezogen werden darf, wenn nicht aufgeklärt werden kann, ob er zu dem Kreis der Exterritorialen gehört.

Soweit hier die besonderen Bestimmungen des NATO-Truppenstatuts[47] zur Geltung kommen, braucht diese Frage nicht ausdiskutiert zu werden. Gemäß Art. XVI des Statuts werden nämlich Auslegungsstreitigkeiten über das Abkommen zwischen den Vertragsparteien ohne Inanspruchnahme außenstehender Gerichte geregelt. Durch Art. 19 Abs. 1 des Zusatzabkommens zum NATO-Truppenstatut[48] in Verbindung mit Art. VII des NATO-Truppenstatuts ist bestimmt, daß die Bundesrepublik auf Ersuchen eines Entsendestaates diesem gegenüber unter näher bestimmten Voraussetzungen auf das den deutschen Behörden in den Fällen der konkurrierenden Gerichtsbarkeit zustehenden Vorrecht verzichtet. Haben die deutschen Behörden den Verzicht in einem Einzelfall zurückgenommen und führen Erörterungen über diesen Fall zwischen den beteiligten Behörden nicht zu einem Einvernehmen,

---

[46] Vgl. oben B. 2. Abschn. IV. 3. b) aa).

[47] v. 19. Juni 1951, BGBl. 1961, S. 1190.

[48] v. 3. August 1959, BGBl. 1961, S. 1218.

so kann die diplomatische Vertretung des betreffenden Entsendestaates in der Bundesrepublik Vorstellungen bei der Bundesregierung erheben. Die Bundesregierung legt dann unter gebührender Berücksichtigung der Belange der deutschen Rechtspflege und der Interessen des Entsendestaates die Meinungsverschiedenheiten in Ausübung ihrer Befugnisse auf dem Gebiet der auswärtigen Angelegenheiten bei (Art. 19 Abs. 4 des Zusatzabkommens zum NATO-Truppenstatut). Insoweit taucht also die Frage nach der Entscheidung in Zweifelsfällen nicht auf, so daß sie auf die Fälle des § 18 ff. GVG beschränkt bleibt.

Bei den von § 18 ff. GVG erfaßten Fällen wird davon auszugehen sein, daß es beim Vorliegen einer Exemtion von der staatlichen Gerichtsbarkeit an der „staatsrechtlichen Vorbedingung"[49] für die Möglichkeit eines gerichtlichen Verfahrens überhaupt fehlt. Damit ist das schwerstwiegende Verfahrenshindernis gegeben, das sich überhaupt denken läßt[50]. Mit Recht ziehen die weitaus herrschende Lehre[51] und die Rechtsprechung[52] hieraus die Konsequenz, daß, sofern dem Gericht in der betreffenden Sache die Gerichtsbarkeit fehlt, jegliche prozessuale Maßnahme unzulässig und ohne jede Wirkung ist. Damit ist aber die Antwort auf die Frage, wie bei unaufklärbaren Zweifeln über die Exterritorialität des Beschuldigten zu entscheiden ist, vorgezeichnet. Wenn ein Staat aus völkerrechtlichen Rücksichten sich in seinem Bestreben nach Verwirklichung der materiellen Gerechtigkeit Selbstbeschränkungen auferlegt und einen Verstoß gegen diese Selbstbeschränkung mit der Konsequenz der Unbeachtlichkeit einer staatlichen Maßnahme belegt, dann kann eben dieser Staat, wenn er konsequent und glaubhaft bleiben will, sich bei echten Zweifeln über die Voraussetzungen der Exterritorialität nicht für die Verwirklichung der materiellen Gerechtigkeit entscheiden und damit das Risiko schwerwiegender persönlicher Konsequenzen auf Grund einer möglicherweise völlig unbeachtlichen richterlichen Entscheidung auf sich nehmen. Die richtige Entscheidung kann hier nur auf Einstellung des Verfahrens lauten.

(2) Zulässigkeit des Rechtswegs

Die Frage, wie zu entscheiden ist, wenn die Zulässigkeit des Rechtswegs zweifelhaft ist, spielt im Strafrecht keine Rolle. Mit einer anderen Gerichtsbarkeit kann die Strafgerichtsbarkeit in Konflikt über die Zuständigkeit zur gerichtlichen Erledigung von Strafsachen nicht kommen, weil die anderen Gerichtsbarkeiten mit Strafsachen nichts zu tun

---

[49] RGSt 34, 256.

[50] *Eb. Schmidt,* Lehrkommentar I, Rdnr. 123; BGHSt 14, 139.

[51] *Eb. Schmidt,* ebd., Rdnr. 123; *Goldschmidt,* S. 395; *Löwe/Rosenberg,* Einl. Kap. 10, B, 2. 2; für das Zivilrecht *Rosenberg,* § 16 II 1 a.

[52] RGSt 17, 51; 71, 377; BayObLG NJW 60, 162 für das NATO-Truppenstatut.

haben[53]. Denkbar wäre nur, daß zwischen einem Gericht der Strafgerichtsbarkeit und einer Verwaltungsbehörde Streit darüber entsteht, ob sich mit einer konkreten Sache das Gericht oder die Verwaltungsbehörde zu befassen hat. Hier wäre einmal die Möglichkeit gegeben, daß sich ein Zuständigkeitsstreit an der Frage entzündet, ob ein Gesetzesverstoß eine gerichtlich zu verfolgende kriminelle Straftat oder eine von der Verwaltungsbehörde zu ahndende Ordnungswidrigkeit darstellt[54]. Ein solcher Zuständigkeitsstreit indessen würde durch das Verfahren nach §§ 41 ff. des Gesetzes über Ordnungswidrigkeiten vom 24. Mai 1968 i. d. F. des Änderungsgesetzes vom 8. März 1971 erledigt[55]. Der früher gelegentlich auftretende Kompetenzkonflikt zwischen Strafgericht und Verwaltungsbehörde in solchen Angelegenheiten, die Gegenstand eines Verwaltungsstrafverfahrens sein konnten, hat sich durch die Beseitigung der Befugnis der Verwaltungsbehörde zum Erlaß von Strafbescheiden erledigt.

Es bleibt somit der Fall übrig, daß sich Zuständigkeitszweifel bei der gerichtlichen Anfechtung von Verwaltungsakten ergeben, wenn unklar ist, ob ein Justizverwaltungsakt i. S. des § 23 EGGVG mit der Zuständigkeitsfolge des § 25 EGGVG oder aber ein anderer Verwaltungsakt, bei dem der Rechtsweg nach der VwGO eröffnet ist, gegeben ist. Hier würde jedoch § 17 GVG zur Anwendung kommen, wonach entweder das angegangene Oberlandesgericht seine Zuständigkeit bindend verneinen oder aber das Verwaltungsgericht seine Zuständigkeit bindend bejahen kann, je nachdem, wo die Sache zunächst anhängig wird.

(3) Sachliche Zuständigkeit

Auch im Rahmen der sachlichen Zuständigkeit taucht die Situation, daß sich trotz Ausschöpfung aller Erkenntnisquellen der zuständige Richter nicht bestimmen läßt, nicht auf. Das GVG nimmt eine genaue Zuweisung aller strafrechtlich relevanten tatsächlichen Geschehnisse an einen bestimmten Richter vor. Dieses Geschehnis ist aber nicht identisch mit dem tatsächlichen Vorgang, dessen genaue Ermittlung der Hauptverhandlung vorbehalten ist; es handelt sich vielmehr um einen auf Grund des Ermittlungsergebnisses der Strafverfolgungsorgane angenommenen Tathergang. Die Zuweisung der Strafsache an das „zuständige Gericht" (§ 170 Abs. 1 StPO) erfolgt nach diesem angenommenen Sachverhalt. Im Rahmen eines solchen angenommenen Sachverhalts kann es aber keine Zweifelssituation geben, weil dieser Sachverhalt der Anklage als feststehend zugrundegelegt wird. Stellt sich im Verlaufe

---

53 *Eb. Schmidt*, Lehrkommentar III, § 17, Rdnr. 7.

54 *Eb. Schmidt*, ebd., Rdnr. 8; *Löwe/Rosenberg*, 21. Aufl., § 17 GVG, Anm. 2.

55 Für das OWiG vom 25. 3. 1952 nach §§ 31, 58 ff., vgl. *Eb. Schmidt*, ebd., Rdnr. 8; *Löwe/Rosenberg*, ebd., Anm. 2 c.

der Hauptverhandlung ein tatsächliches Geschehen heraus, das vor ein Gericht höherer Ordnung gehört, so wird die Sache an das zuständige Gericht verwiesen (§ 270 Abs. 1 StPO), wobei der den Verweisungsbeschluß begründende Sachverhalt wiederum nur ein angenommener Sachverhalt sein kann. Umgekehrt darf ein Gericht sich nicht für unzuständig erklären, weil die Sache vor ein Gericht niederer Ordnung gehöre (§ 269 StPO). Demnach ist die sachliche Zuständigkeit stets begründet, so daß unsere Problematik hier gar nicht zum Tragen kommt.

(4) Örtliche Zuständigkeit

Als unproblematisch erweist sich auch die Frage nach der örtlichen Zuständigkeit. Als einzige positive gesetzliche Regelung im Rahmen des Strafprozeßrechts bei zweifelhaften Prozeßvoraussetzungen und Prozeßhindernissen überhaupt bestimmt nämlich § 13 a StPO, daß der Bundesgerichtshof das zuständige Gericht zu bestimmen hat, wenn es im Geltungsbereich der StPO an einem zuständigen Gericht fehlt oder dieses nicht ermittelt ist. Diese aus den Wirren der Nachkriegszeit zu erklärende Vorschrift will vermeiden, daß ein Strafverfahren unmöglich wird, weil es an einem zuständigen Gericht fehlt oder das zuständige Gericht nicht festgestellt werden kann[56]. Damit ist deutlich, daß der Verwirklichung der materiellen Gerechtigkeit gegenüber dem prozessualen Erfordernis der örtlichen Zuständigkeit eindeutig der Vorzug gegeben ist. Da die aus der Ungewißheit über den örtlichen Gerichtsstand und der Forderung nach Verwirklichung der materiellen Gerechtigkeit sich möglicherweise ergebende Konfliktsituation vom Gesetzgeber gesehen und positiv gelöst ist, wird unsere Problematik in diesem Falle gegenstandslos.

Das gilt für *alle* Fälle zweifelhafter örtlicher Zuständigkeit und unbeschadet des Problems, daß § 13 a StPO für bestimmte Tatbestände versagt. In denjenigen Fällen nämlich, in denen § 13 a StPO für unanwendbar erklärt wird, geht es letztlich nicht um die Bestimmung des örtlich zuständigen Gerichts, sondern um die versteckte Begründung der Befugnis zu sachlichen Entscheidungen. Es liegt aber auf der Hand, daß auf dem Umweg über die Zuständigkeitsbestimmung nicht eine Gerichtsbarkeit begründet werden kann, wenn im Geltungsbereich der Strafprozeßordnung überhaupt kein Gericht zur Entscheidung berufen ist. Mit Recht ist daher angenommen worden, daß über den Weg des § 13 a StPO weder in die Gerichtsbarkeit der Besatzungsmächte[57] noch in die der DDR[58] eingegriffen werden darf. Ebensowenig ist eine Zuständigkeitsbestimmung zulässig, soweit in

[56] *KMR-Kommentar*, § 13 a, Anm. 1.

[57] BGHSt 12, 326.

[58] BGHSt 15, 72.

Vorschriften zur Wiedergutmachung nationalsozialistischen Unrechts kein Gericht im Geltungsbereich der Strafprozeßordnung zur Entscheidung ermächtigt ist[59].

dd) Unberührtheit der Sache

(1) ne bis in idem

In besonders krasser Weise können der Anspruch der Gemeinschaft nach Verwirklichung der materiellen Gerechtigkeit und ihre Selbstverpflichtung zur Beschränkung der staatlichen Gewalt in dem Verbot der Doppelaburteilung miteinander in Konflikt geraten. Dieser Konflikt besteht nicht nur in Zweifelssituationen, wenn ungewiß ist, ob schon einmal abgeurteilt wurde. Er tritt vielmehr dann besonders deutlich in Erscheinung, wenn bekannt ist, daß der Täter schon einmal abgeurteilt wurde, daß die Tat aber offenkundig zu milde bestraft oder aber der Täter zu Unrecht freigesprochen wurde. In diesem Konflikt zwischen Rechtssicherheit und materieller Gerechtigkeit hat sich unsere Rechtsordnung gleichwohl für die Rechtssicherheit entschieden, sie hat dem Satz ne bis in idem durch Art. 103 Abs. 3 GG Verfassungsrang[60] verliehen und ihn zum Grundrecht[61] erhoben[62].

Wenngleich nun zwar der Satz ne bis in idem für sich genommen noch nichts darüber aussagt, wie im Falle eines Zweifels über eine angeblich vorangegangene Aburteilung zu entscheiden ist, so gewinnt die Lösung des Konflikts zwischen materieller Gerechtigkeit und Rechtssicherheit, wie sie in ihm zum Ausdruck kommt, doch Bedeutung auch für unsere Problematik. Es wird nämlich das Prinzip erkennbar, daß die Gemeinschaft es als eher vertretbar erachtet, eine offenbare Ungerechtigkeit hinzunehmen, denn einen schon einmal Abgeurteilten oder Freigesprochenen ein zweites Mal zur Rechenschaft zu ziehen. Dann vermöchte es jedoch wenig zu überzeugen, wenn die in der immerhin nur möglichen Nichtaburteilung liegende Beeinträchtigung der Gemeinschaft um den Preis einer möglicherweise zweiten Aburteilung vermieden würde. Wenn die Gemeinschaft schon bereit ist, eine offenkundig unrichtige Entscheidung, durch die der Täter begünstigt wird, hinzunehmen, weil sie das Individuum nur einmal den mit der Hauptverhandlung verbundenen Nachteilen aussetzen will,

---

59 BGHSt 11, 379. Alle Entscheidungen ausdrücklich gegen die abweichende Rspr. des früheren 3. Strafsenats in BGHSt 7, 370; NJW 56, 1766 und Herlan GA 56, 352.

60 BVerfGE 3, 252.

61 BVerfGE 9, 96.

62 Über seinen Wortlaut hinaus garantiert Art. 103 Abs. 3 GG nicht nur dem schon bestraften, sondern auch dem rechtskräftig freigesprochenen Täter grundsätzlich Schutz gegen erneute Verfolgung (BVerfGE 12, 66).

dann kann sie unmöglich fordern, daß ein Täter abgeurteilt wird, obwohl sich ernsthafte Zweifel ergeben haben, ob die Tat nicht schon einmal Gegenstand einer Hauptverhandlung gewesen ist. Die Gemeinschaft müßte dann nämlich bewußt das Risiko eingehen, dem von ihr erstellten Verfassungsgrundsatz in einem Einzelfall objektiv zuwiderzuhandeln. Damit müßte sie sich aber dem Vorwurf aussetzen, das sittliche Fundament zu gefährden, auf das sie sich gerade in der Frage der Doppelaburteilung gestellt hat.

(2) keine anderweitige Rechtshängigkeit

Der Grundsatz der Einmaligkeit der Strafverfolgung bewirkt, daß schon ein Verfahren unzulässig ist, das gegen den Beschuldigten anhängig gemacht worden ist, obwohl gegen ihn wegen derselben Tat bei demselben oder bei einem anderen Gericht ebenfalls eine gerichtliche Untersuchung geführt wird. Dieses Prinzip der Priorität hat zur Folge, daß das Gericht des Vorrangs ausschließlich zuständig ist[63] und das nicht bevorrechtigte Gericht sein Verfahren einzustellen hat, wobei diese Entscheidung nur solange wirkt, bis die Rechtshängigkeit bei dem bevorrechtigten Gericht wegfällt, ohne daß dabei das eingestellte Verfahren erledigt worden ist[64]. Auf der anderen Seite erlischt der Vorrang, wenn das bevorzugte Gericht das Verfahren endgültig eingestellt hat oder wenn das nicht bevorzugte Gericht in der gleichen Sache rechtskräftig entschieden hat[65].

Aus dem Umstand, daß die rechtskräftige Entscheidung eines nicht bevorzugten Gerichts den Vorrang des zuständigen Gerichts brechen kann, so daß dem zuständigen Gericht nichts anderes übrig bleibt, als sein Verfahren endgültig einzustellen[66], ließe sich folgern, daß es in einem Fall, in dem wirklich einmal zweifelhaft sein sollte, ob über denselben Sachverhalt ein anderes Verfahren anhängig ist, keinen schwerwiegenden Fehler bedeuten könne, wenn die sachliche Entscheidung möglicherweise von dem nicht bevorrechtigten Gericht getroffen werde. Dies könnte um so mehr gelten, als, anders als beim Grundsatz ne bis in idem, nicht die „großen Gebote der Gerechtigkeit", sondern vor allem Erwägungen der Zweckmäßigkeit den Grundsatz der Priorität prägen[67]. Bei dieser Begründung würde freilich übersehen, daß auch die Zuständigkeitsregelungen des § 12 StPO eine Verankerung in Verfassungsnormen haben, nämlich in Art. 101 Abs. 1 Satz 2 GG, wonach niemand seinem gesetzlichen Richter entzogen werden darf.

[63] BGHSt 3, 138.

[64] RGSt 52, 264.

[65] BGHSt 9, 190.

[66] RG 1 D 279/20 v. 19. 5. 1920, zitiert bei *Löwe/Rosenberg*, Einl. Kap. 10 B 3 b.

[67] *Löwe/Rosenberg*, Einl. Kap. 10 B 3 a.

Mit diesem Verfassungsgrundsatz ist festgelegt, daß die geltenden rechtssatzmäßigen Zuständigkeiten nicht im Einzelfall durchbrochen werden dürfen[68]. Gerade dies würde aber möglicherweise geschehen, wenn ein Gericht bei Zweifeln über die Priorität seine Zuständigkeit gleichwohl bejahen dürfte. Es wird demnach auf andere Erwägungen abzustellen sein.

Als unproblematisch könnten dabei diejenigen Fälle angesehen werden, in denen, auch ohne eine Zweifelssituation, der Prioritätsgrundsatz durchbrochen werden darf. Ist bei Kenntnis aller tatsächlichen Umstände das später befaßte Gericht befugt, die Verfolgung aufzunehmen, dann muß dies auch gelten, wenn zwar ungewiß ist, ob eine anderweitige Rechtshängigkeit gegeben ist, die tatsächlichen Umstände, soweit sie als feststehend der Entscheidung zugrunde gelegt werden müssen, aber eine Situation ergeben, die, wäre sie erwiesen, das Gericht ohnehin befugen würde, die Tat weiter zu verfolgen. Das gilt also für Fälle wie die, daß bei dem nicht durch Priorität begünstigten Gericht eine Fortsetzungstat, bei dem anderen Gericht aber nur einzelne, von diesem Zusammenhang miterfaßte Teilhandlungen Gegenstand des Verfahrens sind[69] oder eine Straftat mehrere Gesetzesverstöße enthält und eine Verletzung getrennt vor einem anderen Gericht verfolgt wird, während tateinheitlich zusammentreffende Verletzungen zur Zuständigkeit eines höheren Gerichts gehören und bei diesem verfolgt werden[70]. Das würde auch für gleichgeordnete Gerichte gelten, wenn einem von ihnen die Sache zu umfassenderer, den Sachverhalt erschöpfenderer Aburteilung unterbreitet ist[71].

Schwierigkeiten können sich jedoch ergeben, wenn die Rechtshängigkeit desselben Sachverhalts bei einem anderen Gericht behauptet wird und sich hieraus eine Zweifelssituation ergibt. Dabei kann davon ausgegangen werden, daß eine Situation, in der sich die Rechtshängigkeit der Sache bei dem anderen Gericht überhaupt nicht mehr feststellen läßt, ohne daß sie mit Sicherheit ausgeschlossen werden könnte, praktisch nicht vorstellbar sein dürfte. Es wäre jedoch sehr wohl denkbar, daß sich nicht mehr feststellen läßt, bei welchem von zwei Gerichten, bei denen eine Sache anhängig ist, die Priorität liegt.

Zweifel über die Priorität sind Zweifel darüber, bei welchem Gericht die Sache anhängig bleiben darf, nicht Zweifel darüber, ob der Beschuldigte überhaupt zur Rechenschaft gezogen werden kann. Unrichtig wäre daher eine Argumentation, die die Einstellung beider

---

68 *Maunz/Dürig*, Art. 101, Rdnr. 5.

69 BGHSt 5, 384.

70 *Löwe/Rosenberg*, Einl. Kap. 10 B 6 b mit Nachweisen.

71 BGHSt 5, 384.

Verfahren befürwortete, weil sie das berechtigte Interesse der Allgemeinheit an der Verwirklichung der materiellen Gerechtigkeit außer acht ließe. § 20 StPO macht deutlich, daß der Gesetzgeber selber Fragen der Zuständigkeit gegenüber der materiellen Gerechtigkeit nicht überbewertet wissen wollte. Den Ausweg aus der Zweifelssituation weist § 14 StPO. Danach bestimmt das gemeinschaftliche obere Gericht das Gericht, das sich der Untersuchung und Entscheidung zu unterziehen hat, wenn zwischen mehreren Gerichten Streit über die Zuständigkeit besteht. Sind beide Gerichte der Auffassung, daß die Sache bei ihnen anhängig bleiben müsse, weil sie das Verfahren zuerst eröffnet hätten, so ist der formellen Gerechtigkeit durch eine Entscheidung nach § 14 StPO kraft Gesetzes in ausreichendem Maße Rechnung getragen.

ee) Anwesenheit des Angeklagten

Der Angeklagte hat, sofern gesetzliche Bestimmungen nicht Ausnahmen ermöglichen, vor allem in der Hauptverhandlung anwesend zu sein, § 230 Abs. 1 StPO. Sein Ausbleiben ist daher Verfahrenshindernis[72]. In der Praxis hat dieses Verfahrenshindernis wenig Bedeutung erlangt, weil in aller Regel eben feststellbar ist, ob der Angeklagte zur Hauptverhandlung erschienen ist oder nicht. Seine mögliche Problematik liegt daher nicht so sehr in der Frage, ob jemand erschienen ist, sondern darin, wer erschienen ist. Dabei hätte unsere Fallgestaltung davon auszugehen, daß eine Person erscheint, über deren Identität mit der in der Anklage bezeichneten Person dem Gericht ernsthafte Zweifel kommen, die sich auch durch intensive Nachforschungen nicht beseitigen lassen, so daß ein Urteil möglicherweise den richtigen Angeklagten, möglicherweise aber auch eine gänzlich unbeteiligte Person treffen würde. Zur Lösung dieses Problems wird man sich auf Sinn und Zweck der Anwesenheitspflicht des Angeklagten im Rahmen unserer Rechtsordnung nicht zu beschränken brauchen. Das Problem der Personenverwechslung rührt nämlich an die viel weiterreichende Frage, wer im Fall einer Verurteilung verurteilt wäre, ja ob hier überhaupt jemand verurteilt wäre[73].

Wird die mangelnde Identität der erschienenen mit der in der Anklage bezeichneten Person in der Hauptverhandlung festgestellt, so ist nach allgemeiner Ansicht die erschienene Person zu entlassen, die Sache zu vertagen und die in Wahrheit angeklagte Person zu neuer Ver-

---

[72] *KMR-Kommentar*, § 230, Anm. 1 a; *Eb. Schmidt*, Lehrkommentar I, Rdnr. 147; *Löwe/Rosenberg*, Einl. Kap. 10 B 6 b.

[73] *Eb. Schmidt*, ebd., Rdnr. 293.

handlung zu laden[74]. Uneinigkeit besteht über die Folgen, wenn die zur Verhandlung erschienene Person die Verhandlung über sich ergehen und es zu einer Verurteilung kommen läßt. Hierzu findet sich einmal die Auffassung, daß „immer der als verurteilt anzusehen sei, der vor Gericht gestanden und sich verantwortet hat"[75]. Nach anderer Auffassung richtet sich das Urteil gegen denjenigen, gegen den das Verfahren durch Anklageerhebung und Eröffnungsbeschluß rechtshängig geworden ist[76]. Mit Recht ist diesen Meinungen entgegengehalten worden, daß ein Urteil, welches nicht gegen die angeklagte Person ergeht, gar kein „Urteil in der betreffenden Sache" ist, d. h. also aus dem Rahmen fällt, der gemäß § 155 Abs. 1 StPO thematisch in subjektiver Hinsicht durch Anklage und Eröffnungsbeschluß bestimmt ist[77]. Die Entscheidung gegen die falsche Person kann sich offenkundig nicht auf „die durch die Klage beschuldigte Person" erstrecken; das Urteil liegt daher neben der Sache[78] und ist demzufolge unbeachtlich[79].

Auf unsere angenommene Fallgestaltung bezogen bedeutet das: Das Gericht, das ernsthafte Zweifel an der Identität von Angeklagtem und Erschienenem hat und gleichwohl gegen den Erschienenen verhandelt, ihn möglicherweise verurteilt, geht das Risiko ein, ein Urteil zu fällen, das in Wahrheit unbeachtlich wäre. Damit zwangsläufig verbunden wäre die Gefahr, daß der unschuldig Erschienene auf Grund eines möglicherweise unbeachtlichen Urteils strafrechtlichen Vollstreckungsmaßnahmen ausgesetzt wäre; es würde also ein vielleicht Unschuldiger für eine Tat büßen, die er gar nicht begangen hat. An dieser Stelle drängt sich die Parallele zum materiellen Strafrecht geradezu auf. Läßt sich nicht klären, ob der Angeklagte oder ein anderer die inkriminierte Handlung begangen hat, wird der Angeklagte nach dem Grundsatz in dubio pro reo freigesprochen. Es wäre schlechterdings unbegreiflich, wenn der vielleicht fälschlich Erschienene, der sich materiell gesehen in derselben Situation befindet wie der Angeklagte, dem die Täterschaft nicht nachgewiesen werden kann, ein Urteil über sich ergehen lassen müßte, nur weil die zweifelhafte Täterschaft sich nicht aus der Prüfung des materiellen Geschehens, sondern aus der Prüfung der Identität im Rahmen der Prozeßvoraussetzungen ergeben hat. Wenn

---

74 *KMR-Kommentar*, § 230, Anm. 1 d; *Eb. Schmidt*, ebd., Rdnr. 292; *Lucas/Dürr*, S. 243, 244.

75 *Lucas/Dürr*, S. 243, 244.

76 LG Lüneburg MDR 1949, 767; *Schäfer* in *Löwe/Rosenberg*, Einl. Kap. 10 B 3 c B) a) aa) (S. 111).

77 *Eb. Schmidt*, Lehrkommentar, Rdnr. 292; *Henkel*, 2. Aufl., S. 386; *Kleinknecht*, Einl. 8 B f.

78 *Henkel*, S. 386.

79 *Henkel*, S. 386; *Eb. Schmidt*, Lehrkommentar I, Rdnr. 293; *KMR-Kommentar*, Einl. 10 b II 1 c.

unsere Rechtsordnung um der Wahrheitsermittlung willen und um eine allseitige und uneingeschränkte Verteidigung zu gewährleisten[80] die Anwesenheit des Angeklagten, und zwar des richtigen Angeklagten vorschreibt, dann bleibt sie den sittlichen Prinzipien, auf denen eine solche Vorschrift beruht, nur treu, wenn sie auch nicht die Möglichkeit in Kauf nimmt, daß eben diese Prinzipien durch eine in Wirklichkeit vielleicht unrichtige und damit zwangsläufig auch ungerechte Entscheidung ausgehöhlt werden. Wenn Zweifel an der Identität des Erschienenen auftauchen, ist daher so zu verfahren, als ob die mangelnde Identität feststünde; der Erschienene ist zu entlassen.

Die Abwesenheit im prozeßrechtlichen Sinne, wie sie in § 276 StPO definiert ist, braucht in diesem Zusammenhang nicht erörtert zu werden, da hier eine Zweifelssituation nicht vorstellbar ist: Der Aufenthalt des Beschuldigten kann weder nur vielleicht unbekannt sein, noch kann bei Auslandsaufenthalt des Beschuldigten seine Gestellung vor das zuständige Gericht nur vielleicht nicht ausführbar oder nicht angemessen erscheinen.

ff) Eigenschaften des Angeklagten

(1) Lebensalter

Eine prozessuale Vorfrage[81] ist auch die Frage, ob überhaupt und gegebenenfalls nach welchen Vorschriften zu strafen ist, wenn sich im Hinblick auf das Alter bei Begehung der Tat oder den Zeitpunkt der Tat unlösbare Zweifel ergeben, so daß die Einordnung des Täters in eine Altersgruppe nicht mit Sicherheit erfolgen kann. Hierzu hat der Bundesgerichtshof einmal entschieden[82], daß auf den Angeklagten das Jugendgerichtsgesetz anzuwenden sei, wenn sich nicht klären läßt, ob er die Straftat vor oder nach dem Zeitpunkt begangen hat, von dem ab er dem Erwachsenenstrafrecht untersteht. Der Bundesgerichtshof beschränkt sich jedoch darauf, die Auffassung der Strafkammer zu bestätigen, die „zu seinen Gunsten" unterstellt hatte, daß der Angeklagte damals noch jugendlich war. Das entspreche dem Rechtsgrundsatz, daß im Zweifel der dem Beschuldigten günstigere Sachverhalt anzunehmen sei.

Ob der Bundesgerichtshof die hier zur Entscheidung stehende Problematik überhaupt gesehen hat, erscheint angesichts der sehr knappen und nichtssagenden Begründung zweifelhaft.

---

80 *KMR-Kommentar*, § 230, Anm. 1.

81 Vgl. *KMR-Kommentar*, Einl. 11, e, 1; *Löwe/Rosenberg*, Kap. 10 B 6 a.

82 BGHSt 5, 366 = LM Nr. 3 zu § 1 JGG mit Anm. von Fränkel, zu Unrecht unter Berufung auf RGSt 48, 308, das nach § 57 StGB a. F. die Zweifel über das Alter des jugendlichen Angeklagten bei Begehung der Tat im Rahmen der Schuldfrage zu berücksichtigen hatte.

Das Schrifttum folgt dem Grundsatz, daß die Unklarheit im Sachverhalt zugunsten des Beschuldigten gelöst werden müsse[83] und geht dabei aus der zutreffenden Erwägung, daß das Rechtsfolgensystem des Jugendgerichtsgesetzes andersartige und der Entwicklung des jugendlichen Täters besonders angepaßte Rechtsfolgen vorsieht, die im Einzelfall strenger sein können als bei der vergleichbaren Tat eines Erwachsenen[84], so weit, daß es im Einzelfall (z. B. bei Zweifeln über die Altersgrenze von 18 Jahren) untersucht, ob die in Aussicht genommene Rechtsfolge härter oder milder als bei der Beurteilung der Tat nach Erwachsenenstrafrecht wäre. „Um eine brauchbare Vergleichsgrundlage zu gewinnen, muß der Richter sich zunächst schlüssig werden, welche Maßnahme er bei Anwendbarkeit jedes der beiden Rechtsfolgensysteme verhängen würde. Durch einen Vergleich ist sodann festzustellen, ob die Maßnahme des einen oder die des anderen den tieferen Einschnitt in die Rechtsstellung des Betroffenen bewirkt[85].“ Es liegt auf der Hand, daß diese Betrachtungsweise sehr schnell zu unüberwindlichen Hindernissen führen muß. Zwar soll bei der Beurteilung der Frage, welcher Einschnitt im Einzelfall tiefer ist, der objektive Maßstab eines Unbeteiligten zugrunde gelegt werden, der allerdings die in der Person des Angeklagten liegenden Umstände mitberücksichtigt[86]. Man fragt sich aber, wie eine solche Beurteilung möglich sein soll, wenn auf der anderen Seite sehr richtig ausgeführt wird, daß die nach beiden Strafrechtsordnungen zulässigen Strafen und Maßnahmen nicht unmittelbar miteinander vergleichbar sind, ja, sich teilweise als inkommensurable Größen gegenüberstehen[87]. So kommt es denn, daß ein Teil des Schrifttums z. B. die Geldstrafe milder beurteilt als jede Freiheitsentziehung[88], während ein Gericht[89] den Jugendarrest schlechthin als die mildere Strafart ansieht[90].

Wenn es noch eines Beweises bedurfte, daß der Grundsatz in dubio pro reo für die Lösung unserer Problematik nicht geeignet ist, so ist er durch diese unlösbaren, weil letztlich auf subjektiven Wertungen beruhenden Schwierigkeiten erbracht.

---

83 Vgl. *Dallinger/Lackner*, § 1, Rdnr. 9; *Löwe/Rosenberg*, Kap. 10 B 6 a.

84 *Dallinger/Lackner*, § 1, Rdnr. 13.

85 *Dallinger/Lackner*, § 1, Rdnr. 13; *Lackner*, GA 55, 33; *Potrykus*, NJW 54, 1349; *Grethlein/Brunner*, § 1, Anm. 2 c; *Jagusch* in LK § 1, Anm. 5 b; *Schaffstein*, S. 30.

86 *Dallinger/Lackner*, § 1, Rdnr. 14.

87 *Dallinger/Lackner*, § 1, Rdnr. 14.

88 *Potrykus*, NJW 55, 929; *Schnitzerling*, NJW 56, 1384; *Grethlein*, Problematik, S. 158.

89 LG Nürnberg-Fürth, MDR 62, 326.

90 Verschiedentlich wird die Auffassung vertreten, daß der Jugendarrest keine Strafe sei (vgl. *Dallinger/Lackner*, § 1, Rdnr. 14). Die Frage kann indes hier auf sich beruhen.

Auch hier geht es nicht darum, „zugunsten des Beschuldigten" zu entscheiden, sondern allein um die Frage, ob das Verfahren in dieser Form überhaupt zulässig gewesen ist. Dabei sind entsprechend den im Gesetz vorgegebenen Altersstufen drei Fallgestaltungen zu unterscheiden.

(a) Übergang Kind — Jugendlicher

Kinder sind absolut strafunmündig (§ 1 Abs. 3 JGG). Ist zweifelhaft, ob der Beschuldigte noch Kind ist oder ob er bei Begehung der Tat noch Kind war, so wird sich kaum darüber streiten lassen, daß in diesem Fall ein Verfahren oder doch zumindest eine Verurteilung nicht stattfinden dürfte[91]. Die Verwirklichung der materiellen Gerechtigkeit um den Preis der Verurteilung eines möglicherweise absolut Strafunmündigen würde das sittliche Fundament unserer Rechtsordnung in untragbarer Weise gefährden.

(b) Übergang Jugendlicher — Heranwachsender

Beim Übergang vom Jugendlichen zum Heranwachsenden will die herrschende Meinung[92] die Entscheidung davon abhängig machen, ob die Voraussetzungen des § 105 JGG gegeben sind. Sind sie gegeben, soll Jugendstrafrecht Anwendung finden, sind sie nicht gegeben, so soll die Entscheidung vom Ergebnis der Prüfung der Frage abhängen, ob Erwachsenen- oder Jugendstrafrecht für den Beschuldigten „günstiger" ist. Dies ist insoweit richtig, als es bei Vorliegen der Voraussetzungen des § 105 JGG im Ergebnis unerheblich ist, ob man die Jugendlichkeit des Beschuldigten oder seine Eigenschaft als Heranwachsender unterstellt; in jedem Falle kommt Jugendstrafrecht zur Anwendung.

Sind die Voraussetzungen des § 105 JGG nicht gegeben, so erschöpft jedoch die Suche nach der „günstigen" Entscheidung nicht die Problematik. Es ist nicht einzusehen, woraus ein solcher Anspruch auf die günstige Entscheidung, sofern diese sich überhaupt bestimmen lassen sollte, abgeleitet werden sollte.

Der entscheidende Gesichtspunkt ist, daß das Jugendstrafrecht Strafen bereithält, die auf die besondere Situation des noch in der Entwicklung

---

[91] Die Streitfrage, ob nur bei Kindern, gegen die ein Verfahren anhängig ist, ein Prozeßhindernis anzunehmen ist, bei einem über 14 Jahre alten Angeklagten aber Freisprechung geboten ist, wenn sich im Verfahren ergibt, daß er zur Zeit der Tat noch nicht 14 Jahre alt war (*Beling*, S. 126 ff.; *Graf zu Dohna*, S. 53, Fußnote 14; *v. Kries*, S. 221 ff.; ZStW 5, 1, 10; *v. Hippel*, S. 275) oder selbst in dem Falle, daß der Beschuldigte noch nicht einmal im Zeitpunkt des Verfahrens das 14. Lebensjahr vollendet hat, auf Freisprechung zu erkennen ist (*Kern*, 8. Aufl., S. 91; *Kiesow*, § 2, Anm. 3; *Potrykus*, § 1, Anm. 7) oder aber umgekehrt es als Prozeßvoraussetzung anzusehen ist, daß der Beschuldigte im Zeitpunkt der Tat bereits 14 Jahre alt war (so die h. M., vgl. *Dallinger/Lackner*, § 1, Rdnr. 39), kann hier auf sich beruhen.

[92] *Dallinger/Lackner*, § 1, Rdnr. 11 ff.

befindlichen jungen Menschen abgestimmt und nach den derzeit gültigen Wertvorstellungen geeignet sind, die Entwicklung eines Jugendlichen positiv zu beeinflussen. Vor diesem Hintergrund der Bestimmungen des Jugendstrafrechts wird die Entscheidung im Falle des Zweifels über das Alter des Beschuldigten zu treffen sein. Dabei wird davon auszugehen sein, daß mit diesen Bestimmungen dem jugendlichen Beschuldigten zugleich ein Recht erwächst, nicht mit der Elle des allgemeinen Strafrechts gemessen, sondern nach den spezifischen auf die Belange eines Jugendlichen zugeschnittenen Strafregeln behandelt zu werden. Diesem Recht entspricht eine Verpflichtung der staatlichen Gewalt, dem Jugendlichen ohne Rücksicht darauf, ob ihm dies im Einzelfall zusagt oder nicht, das zu gewähren, was als das für ihn Adäquate anerkannt ist. Dieser Verpflichtung würde sich die staatliche Gewalt möglicherweise entziehen, wollte sie um eines vordergründigen „Günstigkeitsprinzips" willen auch die Anwendung des Erwachsenenstrafrechts in Erwägung ziehen. Es wäre eher zu vertreten, den Beschuldigten, sollte er die Altersgrenze tatsächlich schon überschritten haben, noch denjenigen Vorschriften zu unterwerfen, die sämtlich am Erziehungsgedanken orientiert sind, und damit möglicherweise etwas Zusätzliches für seine Entwicklung zu tun, als ihn auf die Gefahr hin, daß die Altersgrenze doch noch nicht überschritten ist, als Erwachsenen zu behandeln und damit das Anliegen und die Verpflichtung des Jugendstrafrechts zu ignorieren. Dies gilt um so mehr, als die Zweifel sich ohnehin gerade auf die Grenze zwischen Jugendlichem und Heranwachsendem beziehen, an der der Beschuldigte dem Jugendlichen näher steht als dem Erwachsenen.

(c) Übergang Heranwachsender — Erwachsener

Auch beim Übergang Heranwachsender — Erwachsener wird von der herrschenden Meinung[93] danach unterschieden, ob die Voraussetzungen des § 105 JGG vorliegen. Liegen sie nicht vor, soll Erwachsenenstrafrecht angewendet, liegen sie vor, soll wiederum nach der günstigeren Entscheidung gesucht werden. Hieran ist vom Ergebnis richtig, daß beim Fehlen der Voraussetzungen des § 105 JGG ohnehin Erwachsenenstrafrecht zur Anwendung käme, wobei aber immer noch offen bliebe, ob die Möglichkeit einer Strafmilderung nach § 106 JGG bestünde.

Allein schon diese Möglichkeit der Strafmilderung nach § 106 JGG ist, wenn die Voraussetzungen des § 105 JGG nicht gegeben sind, ein Argument für die Behandlung des Beschuldigten als Heranwachsenden, nicht, weil damit eine Entscheidung „zugunsten des Angeklagten" eröffnet ist, sondern weil der Richter sich vorwerfen müßte, das Gesetz

---

93 *Dallinger/Lackner*, § 1, Rdnr. 15.

in einem sehr wesentlichen Punkt nicht ausgeschöpft und sich selber den Weg zu einer möglicherweise anderslautenden Entscheidung verstellt zu haben. Gerade weil § 106 JGG nur eine Möglichkeit zur Milderung der Strafe gibt, kann gefahrlos die Eigenschaft als Heranwachsender unterstellt werden, weil der Richter auch danach noch in seiner Entscheidung frei ist, ob er den Angeklagten nach Erwachsenenstrafrecht behandeln oder von der Möglichkeit des § 106 JGG Gebrauch machen will.

Liegen die Voraussetzungen des § 105 JGG vor, so werden ähnliche Überlegungen zu gelten haben wie beim Übergang Jugendlicher — Heranwachsender. Gerade wenn feststeht, daß der Angeklagte noch einem Jugendlichen gleichsteht, erscheint es eher gerechtfertigt, im Zweifel die spezifischen Wirkungen des Jugendstrafrechts zur Geltung zu bringen, als das Erwachsenenstrafrecht anzuwenden und damit selbst auf die Gefahr hin, daß dies objektiv unrichtig ist, alle Erziehungsmöglichkeiten, ja selbst die Möglichkeit der Strafmilderung nach § 106 JGG auszuschließen.

Daß bei der hier vertretenen Auffassung im Zweifelsfall die Zuständigkeit des Jugendgerichts begründet ist, bedarf keiner weiteren Ausführungen[94].

(2) Lebensalter bei besonderen Verfahrensarten

Nach den Bestimmungen des Jugendstrafrechts sind von den Vorschriften des allgemeinen Verfahrensrechts die Bestimmungen über Strafbefehl, beschleunigtes Verfahren, Privat- und Nebenklage sowie über die Entschädigung des Verletzten ausgeschlossen (§§ 79 - 81 JGG). Hier wird es, schon im Hinblick auf die Ausführungen unter (1), kaum Zweifel darüber geben können, daß diese Verfahrensarten nur zur Anwendung gelangen dürfen, wenn feststeht, daß der Beschuldigte nicht Jugendlicher ist. Für das Entschädigungsverfahren muß dies schon mit Rücksicht auf die notwendige Parallelität zum Strafverfahren gelten, desgleichen für die Nebenklage. Dem Verbot der gegen einen Jugendlichen gerichteten Privatklage liegt der Gedanke zugrunde, daß der auf den Erziehungsgedanken ausgerichtete Zweck der strafrechtlichen Ahndung sowie der Grundsatz der jugendgemäßen Gestaltung des Verfahrens es verbieten, das Betreiben des Verfahrens Privatpersonen zu überlassen, weil deren Erwägungen und Entschließungen häufig vorwiegend durch eine subjektive Reaktion auf die erlittene Rechtsverletzung geleitet sind[95]. Dieser Gedanke würde aufgegeben, wenn die Privatklage schon zulässig wäre, obwohl ungewiß ist, ob der Beschuldigte nicht vielleicht doch noch Jugendlicher ist. Der An-

---

[94] So auch BGH MDR 55, 180 mit Anm. von Dallinger.

[95] *Dallinger/Lackner,* § 80, Rdnr. 2.

spruch auf Verwirklichung der materiellen Gerechtigkeit für den Verletzten ist im Bereich der durch Privatklage zu verfolgenden Delikte gegenüber dem Jugendlichen in doppelter Weise eingeschränkt. Es ist kein Grund ersichtlich, diese Selbstbeschränkung der staatlichen Gewalt bei Zweifeln über das Alter des Beschuldigten möglicherweise zu durchbrechen.

Bei Strafbefehl und beschleunigtem Verfahren schließlich besteht überhaupt kein Bedürfnis, ein Verfahren trotz Zweifeln über das Alter des Beschuldigten durchzuführen. Der Richter hat die Möglichkeit, die Sache in das ordentliche Jugendgerichtsverfahren überzuleiten und damit dem Bedürfnis nach Verwirklichung der materiellen Gerechtigkeit zu genügen. Strafbefehl und beschleunigtes Verfahren dienen der Prozeßökonomie. Prozeßökonomische Erwägungen können aber niemals auf Kosten der Gerechtigkeit, zu der auch die formelle Gerechtigkeit eines korrekten Verfahrens gehört, gehen.

(3) Verhandlungsfähigkeit

Der Anwesenheitspflicht verwandt ist die Verhandlungsfähigkeit. Nur derjenige Angeklagte, der in der Lage ist, den Verfahrensverhandlungen in oder außerhalb der Hauptverhandlung zu folgen, seine Verfahrensbefugnisse auszuüben und seine Verfahrenspflichten zu erfüllen[96], kann als verhandlungsfähig bezeichnet werden. Daher ist das Verfahren, wenn die Verhandlungsunfähigkeit wahrscheinlich vorübergehend ist, vorläufig, wenn sie von vornherein als Dauerzustand festzustellen ist, endgültig einzustellen[97].

Aus der Verwandtschaft mit der Anwesenheitspflicht ergibt sich dann aber auch die Notwendigkeit, bei zweifelhafter (vorübergehender oder dauernder) Verhandlungsunfähigkeit das Verfahren (vorläufig oder endgültig) einzustellen. Das Gericht, das trotz ernsthafter Zweifel an der Verhandlungsfähigkeit des Angeklagten verhandelt, nimmt bewußt das Risiko auf sich, den Angeklagten eines der vornehmsten Rechte zu berauben, das ihm von der Gemeinschaft zugebilligt ist und damit ein Urteil zu fällen, dem nicht die volle Wahrheit zugrunde liegt. Ein solches Urteil würde aber sehr erheblich das sittliche Fundament gefährden, auf das sich die Gemeinschaft auch dem Rechtsbrecher gegenüber gestellt hat.

(4) Immunität des Abgeordneten

Gemäß Art. 46 Abs. 2 GG darf ein Bundestagsabgeordneter wegen einer mit Strafe bedrohten Handlung nur mit Genehmigung des Bundestags zur Verantwortung gezogen oder verhaftet werden, es sei

---

[96] *Henkel*, 2. Aufl., S. 233.

[97] Allgem. Meinung, vgl. *KMR-Kommentar*, § 205, Anm. 3 b.

denn, daß er bei Begehung der Tat oder im Laufe des folgenden Tages festgenommen wird. Ähnliche Bestimmungen finden sich in den Länderverfassungen für die Mitglieder der Gesetzgebungsorgane der Länder, wobei § 152 a StPO bestimmt, daß diese landesgesetzlichen Vorschriften auch für die Strafverfolgungsorgane in den anderen Ländern und im Bund wirksam sind.

Als Zweifelssituation käme hier vor allem in Betracht, daß der Richter nicht feststellen kann, ob der Bundestag oder das Landesgesetzgebungsorgan die Genehmigung zur Verfolgung des Abgeordneten schon erteilt hat, die als Prozeßvoraussetzung[98] allein die Immunität aufzuheben geeignet ist. Insoweit dürften sich allerdings keine Probleme ergeben. Da die Immunität ein nur zeitlich begrenztes Verfahrenshindernis darstellt, das endet, sobald der Beschuldigte nicht mehr Abgeordneter ist, könnte das Verfahren nach Beendigung der Abgeordneteneigenschaft sofort wieder aufgenommen werden, wobei als begünstigender Umstand hinzukommt, daß gemäß § 69 StGB die Verjährung während der Dauer der Immunität ruht. Sollte es also dem Gericht nicht gelingen, die Zweifel über die Erteilung der Genehmigung zu beseitigen und läßt sich auch keine neue Genehmigung erwirken, so könnte das Verfahren ohne Bedenken vorläufig eingestellt werden, weil die Verwirklichung der materiellen Gerechtigkeit nach Beendigung der Immunität gewährleistet bleibt.

Von ähnlichen Erwägungen könnte sich der Richter leiten lassen, wenn ungewiß ist, ob die Immunitätswirkung schon oder ob sie noch besteht. Dies könnte praktisch werden beim sogenannten mitgebrachten Verfahren, das schon zu dem Zeitpunkt läuft, zu dem der Abgeordnete in den Genuß der Immunitätswirkung gelangt. Da der Beginn der Immunitätswirkung mit dem Beginn der Abgeordneteneigenschaft identisch ist[99] und letztere gemäß § 45 Satz 1 BWahlG mit der Annahme der Wahl einsetzt, wäre es z. B. denkbar, daß sich später nicht mehr feststellen läßt, wann der Abgeordnete die Wahl angenommen hat. Damit wäre jedoch nur die Frage nach der Wirksamkeit einer Untersuchungshandlung aufgeworfen, die während des Zeitraums vorgenommen wurde, in dem sich die Immunitätswirkung möglicherweise schon entfaltete. Für den Fortgang des Verfahrens wäre diese Zweifelssituation unproblematisch, weil der Richter, nicht anders, als wenn diese Zweifelssituation nicht bestünde, in jedem Falle zunächst die Genehmigung des Bundestages einzuholen und bei ihrer Versagung das Verfahren einzustellen haben würde. Im übrigen behält eine

---

[98] *Anschütz*, Art. 37, Anm. 6; *Graf zu Dohna*, HdbDStR, Bd. 1, S. 443; *Herlan*, MDR 1950, 517 und JR 1951, 325; *Koch*, DÖV 1951, 428; *Bockelmann*, S. 28; *Meyer*, S. 31; OLG Karlsruhe DÖV 56, 763.

[99] *Maunz/Dürig*, Art. 46, Rdnr. 37.

während des zweifelhaften Zeitraums vorgenommene Handlung trotz des schweren ihr anhaftenden Mangels ihre Wirksamkeit[100], so daß auch unter dem Gesichtspunkt einer mittlerweile vielleicht eintretenden Verjährung keine Probleme auftauchen.

Ist nicht mehr feststellbar, wann der Abgeordnete sein Mandat niedergelegt und damit die Immunitätswirkung eingebüßt hat, so ergeben sich ebenfalls keine Probleme, weil jedenfalls zum jetzigen Zeitpunkt das Verfahren durchgeführt werden darf. Ist zum gegenwärtigen Zeitpunkt ungewiß, ob der Abgeordnete noch Immunität genießt — ein Fall, der praktisch kaum vorstellbar ist —, so bleibt die Möglichkeit, die materielle Gerechtigkeit zu verwirklichen, voll erhalten, nachdem Gewißheit über den Bestand der Immunitätswirkung geschaffen wurde. Auch insoweit bedarf es daher keiner Fortführung des Verfahrens trotz Zweifeln über die derzeitige Abgeordneteneigenschaft.

Dies gilt auch für die weitere denkbare Zweifelssituation, daß nicht geklärt werden kann, wann der Beschuldigte festgenommen worden ist, so daß sich z. B. Zweifel bei der Ermittlung des „folgendes Tages“ ergeben. Wenn Art. 46 GG mit einem „Privileg des Parlaments“[101] dessen Funktionsfähigkeit[102] und Ansehen[103] schützen will, dann ist gerade hier eine Entscheidung trotz begründeter Zweifel an ihrer Zulässigkeit unvertretbar. Auch hier besteht die Möglichkeit, Zweifel an der Zulässigkeit des Verfahrens durch die Einholung einer Genehmigung auszuräumen oder aber die Strafverfolgung einzuleiten, sobald die Abgeordneteneigenschaft erloschen ist.

gg) Erklärungen Dritter

(1) Strafantrag

Von den Erklärungen dritter Personen, die Voraussetzung für die Zulässigkeit des Strafverfahrens sind, spielt im Rahmen unserer Problematik in Literatur und Rechtsprechung nur der Strafantrag eine Rolle. Gleichzeitig herrscht im Verhältnis zu den übrigen Prozeßvoraussetzungen und Prozeßhindernissen beim Strafantrag aber auch die größte Einmütigkeit darüber, daß Zweifel an seinem Vorliegen zur Einstellung des Verfahrens führen müssen[104]. Dem läßt sich nur

---

100 *Maunz/Dürig*, Art. 46, Rdnr. 69.

101 *Schneider* in Bonner Kommentar, Art. 46, Anm. 2 a.

102 *Herlan*, MDR 50, 519 und JR 51, 327; *Meyer*, S. 27; *Seifert/Geeb*, I A 10, S. 140 e; *Maunz*, S. 365; *Pagel*, DÖV 57, 288; *Hamann/Lenz*, S. 470; OLG Karlsruhe DÖV 56, 763 f.; *v. Mangoldt/Klein*, S. 973 f.

103 *Seifert/Geeb*, I A 10, S. 140 e; *Maunz*, S. 365; *Schneider*, DVBl. 55, 350; OLG Karlsruhe DÖV 56, 763 f.

104 Vgl. oben B 1. Abschn. II. 2. a).

zustimmen. Wenn das Strafantragsrecht den einzelnen Betroffenen die Rechtsmacht verleiht, die Funktionen der staatlichen Gewalt auszulösen und damit den Lauf der materiellen Gerechtigkeit in Gang zu setzen, so hat die staatliche Gewalt ihrem Streben nach Verwirklichung der materiellen Gerechtigkeit „von Amts wegen" in diesen Fällen erkennbar eine Grenze gesetzt. Das gilt in gleichem Maße für das Rücknahmerecht, das den Betroffenen die Möglichkeit einräumt, dem Wirken der staatlichen Gewalt ein Ende zu setzen. In beiden Fällen wird die materielle Gerechtigkeit als ein unter bestimmten Voraussetzungen verzichtbares Rechtsgut angesehen. Diese Beschränkung des Strebens nach materieller Gerechtigkeit gilt für eine Reihe von Delikten schon mit Rücksicht auf die Interessen des Verletzten. Bei Straftatbeständen wie Eheerschleichung (§ 170 StGB) oder Verführung (§ 182 StGB) ließe sich die Verfolgung auch von Amts wegen sehr wohl rechtfertigen. Allein die Höhe der Strafdrohungen zeigt, daß der Gesetzgeber diese Straftaten als sehr schwerwiegend erachtet.

Wenn gleichwohl selbst in diesen Fällen die Verfolgung nur auf Antrag eintritt, so deshalb, weil dem Interesse der Allgemeinheit an der Verfolgung dieser Delikte berechtigte Interessen des Verletzten an der Geheimhaltung der Straftat oder am Ruhenlassen gewisser familiärer Vorgänge gegenüberstehen[105]. Wollte die Staatsgewalt in diesen Fällen strafend eingreifen, obwohl zweifelhaft ist, ob z. B. der Strafantrag überhaupt gestellt ist, so würde der gesetzgeberische Gedanke, der dieser Regelung zugrundeliegt, unter Umständen in sein Gegenteil verkehrt.

Bei anderen Delikten mit Antragserfordernis ist im wesentlichen der Gedanke maßgebend, daß von diesen strafbaren Handlungen die Allgemeinheit so wenig berührt wird, daß ein Eingreifen mit krimineller Strafe nur dann erforderlich erscheint, wenn der Verletzte sein Interesse daran durch einen Antrag bekundet[106]. Wenn diese Delikte aber auf das Interesse des Verletzten an der Bestrafung abstellen, so ist die Forderung nach materieller Gerechtigkeit für den Schuldigen kein überzeugendes Argument, wenn nur vielleicht Strafantrag gegen ihn gestellt wurde. Das gilt in gleichem Maße, wenn nur vielleicht der Strafantrag noch existiert. Besteht die Gemeinschaft nur unter der einschränkenden, vielfach subjektiv motivierten Voraussetzung auf Verwirklichung der materiellen Gerechtigkeit, daß ein Strafantrag gestellt und auch nicht zurückgenommen wurde, so kann sie schwerlich auf der anderen Seite die Bestrafung jemandes fordern, wenn ungewiß ist, ob diese Voraussetzung überhaupt gegeben ist.

---

[105] Vgl. *Schönke/Schröder*, § 61, Rdnr. 4; *v. Hippel*, Strafrecht II, S. 385.

[106] *Schönke/Schröder*, § 61, Rdnr. 4; *v. Hippel*, ebd., S. 385.

(2) Ermächtigung

Eine gewisse innere Verwandtschaft zum Strafantrag besteht bei der Ermächtigung nach den §§ 95 Abs. 4, 97 Abs. 2, 100 c Abs. 2 Satz 2, 104 a, 197 und 353 a Abs. 2 StGB. Ihr Unterschied zum Strafantrag wird gemeinhin darin gesehen, daß bei ihr die Initiative regelmäßig bei der Strafverfolgungsbehörde und nicht beim Verletzten liegt[107]. Die Strafverfolgungsbehörde verfolgt von Amts wegen und holt auch von Amts wegen die Ermächtigung ein[108]. Darauf, bei wem die Initiative liegt, kommt es freilich in diesem Zusammenhang nicht an. Der entscheidende Gesichtspunkt ist vielmehr, daß, nicht anders als beim Strafantrag, es letztlich von dem Willen eines Dritten abhängt, ob eine Bestrafung erfolgen soll. Dieser Dritte mag, wenn man z. B. an das Erfordernis der Ermächtigung durch den Bundespräsidenten in § 95 Abs. 4 StGB oder des betroffenen Staatsorgans in § 97 Abs. 2 StGB denkt, wohlerwogene Gründe für die Verweigerung der Ermächtigung haben. Welche Motive einer solchen Weigerung auch zugrunde liegen sollten, sie werden vom Gesetzgeber respektiert und führen zu einer Beschränkung der staatlichen Gewalt gegenüber dem Täter. Eine Bestrafung trotz zweifelhafter Ermächtigung würde dann unter Umständen nicht nur diese Selbstbeschränkung in Frage stellen und damit die Gefahr einer Mißachtung eines staatlichen Grundprinzips heraufbeschwören, sondern möglicherweise auch gegen die Interessen desjenigen verstoßen, dem das Recht zur Erteilung der Ermächtigung eingeräumt ist. Unter solchen Voraussetzungen gibt es kein einleuchtendes Argument dafür, den Täter gleichwohl trotz Zweifelhaftigkeit des Vorliegens der Ermächtigung zur Rechenschaft zu ziehen. Dem steht auch nicht entgegen, daß die Ermächtigung nicht den positiven Willen auf Strafverfolgung zum Ausdruck zu bringen braucht, sondern nur, daß der Wille der betroffenen Körperschaft der Strafverfolgung nicht entgegenstehe[109]. Damit wird nämlich nur etwas über den notwendigen Mindestgehalt der Erklärung gesagt, hinsichtlich der Notwendigkeit ihrer sicheren Existenz aber keine Einschränkung gemacht.

(3) Strafverlangen der ausländischen Regierung

Kein Strafantrag im technischen Sinne ist das Strafverlangen der ausländischen Regierung gemäß § 104 a StGB[110]. Das bedeutet freilich nicht mehr, als daß die §§ 61 ff. StGB keine Anwendung finden können. In seinem materiellen Gehalt dagegen stellt das Strafverlangen einen Strafantrag sui generis dar, der bei Zweifelsfällen denselben Regeln

---

107 *Gerland*, S. 230; *Schönke/Schröder*, § 61, Rdnr. 52.

108 RGSt 33, 70.

109 *Olshausen*, § 197, Anm. 1 b; *Frank*, § 197, Anm. II.

110 *Schönke/Schröder*, § 104 a, Rdnr. 3.

unterfallen muß, wie der Strafantrag im rechtstechnischen Sinne. Es besteht keinerlei Veranlassung, die von der Allgemeinheit zu ihrem Schutze erlassenen Rechtsnormen gegen den Beschuldigten zur Anwendung zu bringen, solange noch nicht einmal feststeht, ob die ausländische Regierung ihr Strafverlangen überhaupt geltend gemacht hat.

(4) Ermächtigung nach § 10 Abs. 3 RechtshilfeG

Einen anderen materiellen Gehalt als die Ermächtigungen nach dem StGB hat die Ermächtigung nach § 10 Abs. 3 RechtshilfeG. Während jene das Interesse des zur Erteilung der Ermächtigung berufenen Organs an der strafrechtlichen Verfolgung zum Ausdruck bringen, will diese als Sicherung verstanden werden. Das RechtshilfeG will die Gefährdung des Beschuldigten durch nichtrechtsstaatliche Eingriffe verhüten[111], die im Interesse einer wirksamen Bekämpfung der Kriminalität gebotene Aufrechterhaltung des Rechtshilfeverkehrs zwischen den westlichen und den östlichen Teilen Deutschlands soll nicht zur Unterstützung oder Sanktionierung von Unrecht führen[112]. Diese Zweckbestimmung erfüllt insbesondere § 10 RechtshilfeG, dessen Aufgabe es ist, die nach § 12 Abs. 1 StPO begründete Präventionswirkung auszuschließen. Im Rahmen dieser Vorschrift hat die Entscheidung des Oberlandesgerichts die Frage zum Gegenstand, ob ein rechtfertigender Grund zur Durchbrechung des Präventionsprinzips gegeben ist, weil von dem ostdeutschen Gericht eine rechtsstaatsgemäße oder dem Zweck des Bundesgesetzes nicht widersprechende Durchführung des Verfahrens und Entscheidung nicht zu erwarten ist, oder weil dem Betroffenen erhebliche rechtsstaatswidrige Nachteile außerhalb des Verfahrens (§ 2 Abs. 1 Nr. 3) drohen[113]. Gelangt das Gericht zu der Überzeugung, daß diese Gefahr für den Beschuldigten nicht besteht, so müßte unter Umständen der Generalstaatsanwalt erwägen, ob nicht dem Antrag auf Zuführung des Beschuldigten in den Wirkungsbereich des Gerichts, das die Untersuchung eröffnet hat, nachträglich stattgegeben werden müßte. Erst, wenn das Gericht eine solche Gefahr bejaht hat, besteht Veranlassung, den Beschuldigten hier zur Rechenschaft zu ziehen, um in jedem Falle sicherzustellen, daß er einer nach rechtsstaatlichen Maßstäben gerechten Strafe zugeführt wird. Läßt sich

[111] *Dalcke/Fuhrmann/Schäfer,* C I 5, Anm. 3 zu § 3.

[112] *Polzin,* JR 54, 452.

[113] *Löwe/Rosenberg,* Anhang, C § 10, Anm. 5 a; der Auffassung Nüses, MDR 53, 457, Grund für die Entscheidung des Oberlandesgerichts sei, daß in eine richterliche Entscheidung so weitgehend nur durch ein Gericht eingegriffen werden soll, kann nicht zugestimmt werden. Mit Recht wird bei Löwe/Rosenberg, a.a.O., darauf hingewiesen, daß dies noch nicht einmal für § 11, Abs. 2 zutrifft, wo der Eingriff in die richterliche Entscheidung allein schon dadurch erfolgt, daß die Vollstreckung des ostdeutschen Urteils nicht genehmigt wurde.

nun, was in der Praxis freilich kaum vorstellbar sein dürfte, nicht feststellen, ob das Oberlandesgericht schon eine Entscheidung getroffen hat, so besteht für den Beschuldigten, dessen Zuführung ja abgelehnt oder gar nicht erst gefordert wurde, keine Gefahr, daß er einem nichtrechtsstaatlichen Verfahren ausgesetzt wird. Andererseits besteht aber auch noch kein Bedürfnis, ihn hier zur Verantwortung zu ziehen, weil die Entscheidung des Oberlandesgerichts, sollte sie schon ergangen sein, zu dem Ergebnis gekommen sein könnte, daß für den Beschuldigten eine Gefahr vor dem ostdeutschen Gericht nicht besteht, so daß er auch dort abgeurteilt werden könnte. Dann ließe sich natürlich argumentieren, daß man den Beschuldigten ruhig hier aburteilen könne, weil durch die Entscheidung des Oberlandesgerichts ja in jedem Falle sichergestellt werde, daß rechtsstaatliche Grundsätze zur Anwendung gelangen. Mit dieser Argumentation würde man aber nicht nur der hier angenommenen Zweifelssituation, sondern ganz allgemein dem ganzen Ermächtigungsverfahren begegnen können. Im Ergebnis würde das bedeuten, daß das Ermächtigungsverfahren überflüssig wäre, weil man sich auf den Standpunkt stellt, daß vor den westdeutschen Gerichten ein rechtsstaatliches Verfahren in jedem Falle gewährleistet ist und es deshalb einer Entscheidung darüber, ob dieses Verfahren im konkreten Einzelfall *auch* vor den ostdeutschen Gerichten gegeben sein würde, nicht bedürfte. Genau dies ist aber nicht gewollt. Der westdeutsche Gesetzgeber wollte den Grundsatz der Prävention im Prinzip unangestastet lassen und macht daher die Durchbrechung dieses Grundsatzes von einer speziellen Ermächtigung abhängig. Solange diese Ermächtigung nicht positiv feststeht, fehlt es der (west-)deutschen Gerichtsbarkeit an der gesicherten Kompetenz, über diesen konkreten Fall überhaupt zu entscheiden.

Damit grenzt dieser Fall an die Situation, daß nicht geklärt werden kann, ob die deutsche oder eine andere Gerichtsbarkeit für die Beurteilung eines Strafsachverhalts zuständig ist. Es geht letztlich, wenn auch in modifizierter, auf die innerdeutschen Verhältnisse zugeschnittener Form um die staatsrechtliche Vorbedingung einer Aburteilung und damit um die wichtigste Verfahrensvoraussetzung überhaupt[114]. Das bedeutet, daß die Ermächtigung zur Gewißheit des über den Sachverhalt urteilenden Richters feststehen muß. In der Praxis wird sie sich, sollte sie tatsächlich einmal zweifelhaft sein, jederzeit nachholen lassen.

(5) Anordnung des Bundesjustizministeriums

Die Anordnung der obersten Justizverwaltung nach §§ 353 b Abs. 4 und 353 c Abs. 6 StGB weist eine besonders enge Verwandtschaft zum

[114] Vgl. oben B 2. Abschn. IV. 3. b) cc) (1).

Strafantrag insofern auf, als sie — weitergehend noch als der Strafantrag in den gesetzlich vorgesehenen Fällen — bis zum Urteil letzter Instanz zurückgenommen werden kann[115]. Diese freie Dispositionsmöglichkeit des Betroffenen macht das geringe staatliche Interesse an der Bestrafung des Beschuldigten deutlich und ist damit stärkstes Indiz für eine Unterordnung der Forderung nach materieller Gerechtigkeit unter das Erfordernis der Rechtssicherheit, wenn zweifelhaft ist, ob die Anordnung erteilt wurde. Im übrigen ist die Anordnung weder form- noch fristgebunden[116], so daß sie notfalls jederzeit nachgeholt werden könnte und damit auch von daher keine Notwendigkeit besteht, das Verfahren bei Zweifeln über das Vorliegen der Anordnung durchzuführen.

(6) Zustimmung

Die Zustimmung der vorgesetzten Behörde nach § 353 b Abs. 4 StGB oder des nach § 1 Abs. 2 zuständigen Ministers nach § 6 Abs. 2 der VO gegen Bestechung und Geheimnisverrat nichtbeamteter Personen vom 3. 5. 1917 i. d. F. vom 22. 5. 1943 ist sachlich Ermächtigung im Sinne der Vorschriften des StGB[117]. Für sie gilt daher ohne Einschränkung das, was oben zur Ermächtigung ausgeführt wurde.

(7) Behördenantrag

Dem Strafantrag sehr ähnlich ist der Behördenantrag, wie er uns z. B. im Antrag der Verwahrungsbehörde nach § 122 b Abs. 3 StGB oder im Antrag des Landesjugendamts nach § 86 Abs. 2 JWG begegnet. Weitergehend noch als beim Strafantrag ist jedoch, wie bei der oben behandelten Anordnung, das Verfolgungsverlangen unbefristet[118], was zur Folge hat, daß es noch in der Revisionsinstanz vorgebracht werden kann[119]. Darüber hinaus kann es, sofern dies nicht ohnehin schon gesetzlich niedergelegt ist, jederzeit zurückgenommen werden[120]. Unter diesen Voraussetzungen besteht keinerlei Veranlassung, auch nur ernstlich in Erwägung zu ziehen, ob vielleicht im Interesse der Verwirklichung der materiellen Gerechtigkeit ein Verfahren gegen den Beschuldigten durchgeführt werden sollte, obwohl das Vorliegen des Behördenantrags ungewiß ist.

(8) Erklärung des besonderen öffentlichen Interesses

Auch mit dem Erfordernis der Erklärung des „besonderen öffentlichen Interesses“ nach § 232 Abs. 1 StGB hat der Gesetzgeber zum Ausdruck

---

115 LK, § 61, Anm. IX, 2.

116 LK, § 61, Anm. IX, 2.

117 *Schönke/Schröder*, § 353 b, Rdnr. 12; § 61, Rdnr. 53.

118 RGSt 75, 365; 76, 55.

119 LK, § 61, Anm. IX, 4.

120 LK, § 61, Anm. IX, 4.

gebracht, daß ihm an der Verfolgung bestimmter Tatbestände prinzipiell nicht gelegen ist. Diese Handlungen weisen einen so geringfügigen kriminellen Charakter auf, daß es einer Zwangsreaktion der Gemeinschaft auf sie grundsätzlich nicht bedarf. Wo aber überhaupt nur ein besonderes öffentliches Interesse es rechtfertigt, den Täter strafrechtlich zur Verantwortung zu ziehen, da besteht weder eine Notwendigkeit noch eine innere sachliche Rechtfertigung, den Täter schon dann zu bestrafen, wenn die Erklärung des besonderen öffentlichen Interesses noch nicht einmal gewiß ist. Hinzu kommt auch hier, daß das Gericht jederzeit die Möglichkeit hat, sich in Zweifelsfällen Gewißheit zu verschaffen, weil die Staatsanwaltschaft das besondere öffentliche Interesse an der Strafverfolgung auch noch in der Revisionsinstanz erklären kann[121].

hh) Vorentscheidungen anderer Stellen

(1) Auflösung der Ehe bei Eheerschleichung[122]

Zweck des § 170 StGB ist die Verhinderung eines der Auflösung ausgesetzten Personenstandes[123]. Eines Eingriffs der strafenden staatlichen Gewalt bedarf es dann dort nicht, wo dieser Zweck ins Leere geht, weil die Eheschließung zwar durch eine Überlistung des Ehepartners zustande gekommen ist, dieser aber an der Ehe festhält. Damit begegnet uns erneut eine Fallgestaltung, in der es letztlich von der vom Gesetz respektierten Entscheidung eines Dritten abhängt, ob der Täter strafrechtlich zur Verantwortung gezogen wird. Unter Umständen kann es den Interessen des arglistig getäuschten Ehegatten durchaus widersprechen, daß aus der Mangelhaftigkeit der Ehe die gesetzlich möglichen Konsequenzen gezogen werden. Deshalb geht das Ehegesetz davon aus, daß selbst eine unter Mängeln zustande gekommene Ehe aufrechterhalten werden könnte. Aus diesem Grunde verlangt es auch im Zusammenhang mit den Aufhebungsgründen (§§ 30 ff. EheG), daß der getäuschte Teil aktiv wird und die Aufhebung der Ehe begehrt, wenn er an ihr nicht festhalten will, und schließt die Klagebefugnis aus, wenn der Ehegatte zu erkennen gegeben hat, daß er die Ehe fortsetzen will. Selbst innerhalb der Nichtigkeitsgründe eröffnet das Gesetz (mit Ausnahme der Doppelehe) die Möglich-

---

121 BGHSt 6, 282; KG VRS 11, 208.

122 Die Frage, ob die Auflösung der Ehe bei Eheerschleichung überhaupt den Prozeßvoraussetzungen zuzurechnen ist (so *Frank*, § 170, Anm. II, 1; *Olshausen*, § 170, Anm. 6; *Jagusch* in LK, § 170, Anm. 5; *Schönke/Schröder*, § 170, Rdnr. 5) oder ob in ihr eine Bedingung der Strafbarkeit zu sehen ist, darf in diesem Zusammenhang dahingestellt bleiben, weil sich aus dieser Streitfrage kein Argument für oder gegen eine Einstellung des Verfahrens bei Zweifeln über die Auflösung der Ehe ergibt.

123 *Schönke/Schröder*, § 170, Rdnr. 1.

keit, unter gewissen Voraussetzungen den Bestand der Ehe zu retten. Dann wäre nicht einzusehen, daß in dem (ohnehin mehr theoretischen) Fall, daß auch unter Ausschöpfung aller zur Verfügung stehenden Möglichkeiten nicht geklärt werden kann, ob eine Auflösung der Ehe stattgefunden hat, nur um der Bestrafung desjenigen willen, der seinerzeit getäuscht hat, davon ausgegangen werden sollte, daß eine Auflösung der Ehe stattgefunden hat. Der wirkliche Wille der Person, die von der von § 170 StGB erfaßten Situation am unmittelbarsten betroffen ist, würde dann möglicherweise überhaupt nicht zur Geltung kommen. Demgegenüber vermöchte die Forderung nach materieller Gerechtigkeit für den Schuldigen wenig zu überzeugen. Die Strafdrohung des § 170 StGB ist zwar sehr erheblich, womit dokumentiert ist, daß der Gesetzgeber die Eheerschleichung als eine schwerwiegende Straftat ansieht. Auf der anderen Seite ist aber durch die Prozeßvoraussetzung der Auflösung der Ehe zum Ausdruck gebracht, daß der Gesetzgeber die materielle Gerechtigkeit nicht um den Preis eines Eingriffs in einen von ihm selber dem betroffenen Ehegatten im Rahmen des Eherechts eingeräumten Rechtskreis wollte. Diesem Grundsatz und dem Grundsatz, daß auch der Täter von dem Stillhalten des betroffenen Ehegatten bzw. der zum Auflösungsantrag berechtigten Personen profitieren soll, würde die staatliche Gewalt möglicherweise untreu werden, wollte sie den Täter zur Rechenschaft ziehen, ohne über das Vorliegen der Prozeßvoraussetzung Gewißheit erlangt zu haben. Sie vermöchte nicht auszuschließen, daß sie die sich selber auferlegten Schranken sowohl im Verhältnis zum betroffenen Ehegatten als auch gegenüber dem Täter überschreitet und damit wiederum das sittliche Fundament verläßt oder doch zumindest gefährdet, auf das sie ihre Rechtsordnung gegründet hat.

(2) Nichtigkeitserklärung der Ehe

Praktisch nur ein spezieller Fall der „Auflösung der Ehe" ist die Nichtigkeitserklärung der Ehe in § 238 StGB. Es können daher grundsätzlich dieselben Argumente wie bei der Auflösung der Ehe in § 170 StGB gelten. Dabei kommt hinzu, daß die in den §§ 16 - 22 EheG erschöpfend aufgezählten Nichtigkeitstatbestände nur ganz besonders schwere Mängel im Zustandekommen einer Ehe berücksichtigen, die keineswegs mit den Entführungstatbeständen der §§ 236, 237 StGB in innerem Zusammenhang zu stehen brauchen. Das bedeutet in der praktischen Auswirkung, daß eine Bestrafung des Entführers mit der Eheschließung in der Regel ausgeschlossen ist, wenn nicht die ganz besonderen Umstände hinzukommen, daß die Ehe mit Nichtigkeitsgründen behaftet und darüber hinaus die Nichtigkeit der Ehe auch noch geltend gemacht worden ist (§ 23 EheG). Wenn demnach der Anspruch der staatlichen Gewalt auf Bestrafung des Entführers im Falle der

Heirat bis auf ganz extreme Ausnahmesituationen zurückgedrängt worden ist, dann fragt sich auch hier, woraus die Berechtigung zu einer Bestrafung des Entführers hergeleitet werden sollte, wenn noch nicht einmal festgestellt werden konnte, ob wenigstens einer dieser seltenen Ausnahmefälle gegeben ist. Eine dennoch erfolgende Bestrafung würde sich dann möglicherweise gegen die Interessen der Entführten richten und auch den dem Entführer eingeräumten straffreien Raum mißachten und stünde damit in keinem Verhältnis zu dem bis auf ein Minimum geschrumpften Interesse der Gemeinschaft an der Bestrafung eines Entführers, der die von ihm Entführte geheiratet hat.

(3) Fehlen eines Grundes zur Innehaltung des Verfahrens

Gemäß § 164 Abs. 3 StGB soll mit dem Verfahren und mit der Entscheidung über eine falsche Anschuldigung innegehalten werden, solange ein infolge der — angeblich falschen — Anzeige eingeleitetes Verfahren anhängig ist, wobei trotz der Wortfassung „soll“ mit Recht angenommen wird, daß es sich hier um ein zwingendes Verfahrenshindernis handelt[124]. Eine ganz ähnliche Aussetzung des Strafverfahrens schreibt § 191 StGB vor, um die in § 190 StGB der Verurteilung eingeräumte Wirkung auf den Wahrheitsbeweis zu sichern[125].

Das Verfahrenshindernis der Aussetzung verfolgt sowohl bei der falschen Anschuldigung als auch im Rahmen der Vorschriften über die Strafbarkeit der Beleidigung einen sehr praktischen Zweck. In beiden Fällen ist gegen den von der inkriminierten Handlung Betroffenen ein Verfahren anhängig. Der Ausgang dieses Verfahrens vermag dem in der falschen Anschuldigung oder in der Beleidigung erkennenden Richter Aufschluß über den Sachverhalt zu geben, über den er später zu urteilen hat. Dieses Verfahren wird nämlich ergeben, ob der Täter die Rechtspflege ohne sachlichen Grund zur Ermittlungstätigkeit oder zu sonstigen Maßnahmen veranlaßt hat (§ 164 StGB)[126] oder ob „die behauptete oder verbreitete Tatsache“ sich als wahr herausstellt (§§ 190, 191 StGB). Theoretisch könnte zwar auch der erkennende Richter in einer Art Vorverfahren diese Feststellung treffen, es ist jedoch vernünftig, sie ausschließlich den damit befaßten zuständigen Stellen, die dem Geschehen viel näher sind, zuzuweisen und das Ergebnis dieser Verfahren in die Entscheidung über die falsche Anschuldigung oder die Beleidigung einfließen zu lassen. Gleichzeitig werden damit komplizierte Entscheidungskorrekturen vermieden, die notwendig wären, falls sich

---

[124] BGHSt 8, 133.

[125] *Schönke/Schröder*, § 191, Rdnr. 1.

[126] Die Streitfrage, ob § 164 StGB in erster Linie den Angriff auf die Rechtspflege, die ohne sachlichen Grund zur Ermittlungstätigkeit veranlaßt wurde, oder auf die Ehre des Angeschuldigten abwehren will, kann hier auf sich beruhen.

später herausstellen sollte, daß die Entscheidung im „Vorverfahren" die Entscheidung des Strafrichters nicht mehr rechtfertigt. Die Aussetzung des Verfahrens ist also eng mit der materiellen Gerechtigkeit verknüpft, indem sie der richtigen Entscheidung den Weg bahnt. Daraus ergibt sich aber zwingend, daß das Gericht nicht entscheiden darf, solange der Abschluß des Vorverfahrens ungewiß ist, weil ihm bis dahin die Grundlagen fehlen, auf denen seine Entscheidung aufbaut. Würde gleichwohl das Verfahren durchgeführt und sollte sich später herausstellen, daß das gegen den Betroffenen eingeleitete Verfahren nicht z. B. nach § 170 Abs. 2 StPO eingestellt wurde oder nicht — wie ursprünglich angenommen — zu einer Verurteilung geführt hat, so wäre die wegen falscher Anschuldigung oder Beleidigung ergangene Entscheidung falsch, oder es wäre zumindest ungewiß, ob sie richtig ist. Gerade dieses Risiko sollte aber mit dem Gebot der Aussetzung des Verfahrens ausgeschaltet werden. Argumente, daß aus Gründen der materiellen Gerechtigkeit das Verfahren durchgeführt werden müßte, wenn das Schicksal des Vorverfahrens nicht geklärt werden kann, verfangen demgegenüber nicht, selbst wenn, was allerdings kaum vorstellbar wäre, auch für alle Zukunft feststünde, daß Klarheit über den Abschluß des Vorverfahrens nicht mehr zu gewinnen sein wird. Sollte wirklich einmal — durch Aktenverlust und Tod aller Beteiligten, die den Ablauf des Vorverfahrens noch rekonstruieren könnten — unter gar keinen Umständen mehr festzustellen sein, ob z. B. das auf die angeblich falsche Anzeige hin eingeleitete Verfahren noch anhängig ist oder wie es ausgegangen ist, dann erscheint es immer noch eher gerechtfertigt, das Verfahren gegen den Täter wegen eines dauernden Verfahrenshindernisses einzustellen, als es durchzuführen und möglicherweise mit einer Verurteilung enden zu lassen, obwohl die Grundfrage, ob aus der Sicht der mit der Anzeige befaßten Behörden die Ermittlungstätigkeit ohne sachlichen Grund ausgelöst wurde, nicht mit einer abschließenden Äußerung dieser Behörden beantwortet wurde. Die Einstellung des Verfahrens mag objektiv falsch sein und damit zu einer Einbuße für die Gemeinschaftsinteressen führen, die auf die Bestrafung desjenigen gerichtet sind, der gegen einen anderen eine falsche Anzeige erstattet. Die Einstellung des Verfahrens stellt aber auf der anderen Seite sicher, daß in jedem Falle die Selbstbeschränkung der staatlichen Gewalt und damit die sittlichen Grundlagen unserer Rechtsordnung gewahrt bleiben. In diesem Konflikt gebührt der Wahrung des sittlichen Fundaments der Vorrang.

ii) Klagerecht und Prozeßfähigkeit des Klägers

In sehr seltenen Fällen könnte zweifelhaft sein, ob der Vertreter der Staatsanwaltschaft befugt und befähigt gewesen ist, im Namen der zuständigen Staatsanwaltschaft zu handeln. Mit Recht ist darauf hingewiesen worden[127], daß eine Erörterung von Klagerecht und Prozeßfähigkeit des Klägers sich im Endergebnis auf die Feststellung des Vorhandenseins oder Nichtvorhandenseins der Verfahrensvoraussetzung der Klage richtet. Es darf daher insoweit auf die Ausführungen auf Seite 90 verwiesen werden.

Zu erörtern bleiben demnach Klagerecht und Prozeßfähigkeit des Klägers im Privatklageverfahren. Hinzu kommt die der Frage nach der Prozeßfähigkeit verwandte Frage nach der Vertretungsmacht desjenigen, der den Kläger im Privatklageverfahren gesetzlich vertritt.

Für die Prozeßfähigkeit des Klägers im Privatklageverfahren werden dieselben Grundsätze zu gelten haben wie für die Prozeßfähigkeit des öffentlichen Klägers, denn auch hier steht letztlich die ordnungsgemäße Klageerhebung in Frage. Auch im Privatklageverfahren kann die staatliche Gewalt die von ihr selber gesetzten Schranken überschreiten, wenn das Gericht sich über begründete Zweifel an der Prozeßfähigkeit des Klägers hinwegsetzt.

Zweifel hinsichtlich des Klagerechts des Klägers können sich ergeben, wenn zweifelhaft bleibt, ob der vom Privatkläger vorgetragene Sachverhalt ein Privatklagedelikt oder ein Offizialdelikt enthält. Dabei können diese Zweifel nur in einem verhältnismäßig frühen Stadium des Verfahrens auftreten, denn die Frage, ob ein Privatklage- oder aber ein Offizialdelikt gegeben ist, ist letztlich eine Rechtsfrage, über die abschließend im Urteil entschieden wird, das für Zweifel keinen Raum mehr läßt. Praktische Bedeutung können solche Zweifel erlangen, wenn z. B. die Frage beantwortet werden muß, ob die Übernahme der Verfolgung durch die Staatsanwaltschaft geboten erscheint. Diese Antwort kann vor dem Urteil naturgemäß nur vorläufig auf der Grundlage eines Verdachts gegeben werden, der von Staatsanwaltschaft und Gericht in gegenseitiger Unabhängigkeit tatsächlich und rechtlich beurteilt wird und entsprechende Handlungen auslöst[128]. Damit wird aber zugleich deutlich, daß Zweifel über das Klagerecht des Privatklägers zunächst auf sich beruhen können, weil sie spätestens mit dem Urteil auf Grund des dann festgestellten Sachverhalts ausgeräumt sein werden.

Was die Vertretungsmacht desjenigen, der die Privatklage als gesetzlicher Vertreter des Privatklägers erhoben hat, angeht, so folgt aus § 374 Abs. 3 StPO, daß diese in Anlehnung an die entsprechenden Vorschriften der ZPO geregelt ist. Dabei handelt es sich in erster Linie um eine Rechtsfrage, die spätestens im Urteil ihre Würdigung

---

127 *Löwe/Rosenberg*, Einl. Kap. 10 B 6 d.

128 *Löwe/Rosenberg*, § 374, Anm. 4.

findet. Sofern aus tatsächlichen Gründen einmal zweifelhaft sein sollte, ob die Vertretungsmacht vorliegt, wird man die Zulässigkeit der Klage nach den Grundsätzen beurteilen müssen, die für die Prozeßfähigkeit des Privatklägers aufgestellt wurden[129]. Es macht keinen Unterschied, ob die Prozeßfähigkeit des Klägers oder die Vertretungsmacht seines Vertreters in Frage steht: in beiden Fällen geht es gleichermaßen um die Ordnungsmäßigkeit der Klageerhebung. Demnach wäre, sollte die Vertretungsmacht trotz aller Bemühungen des Gerichts zweifelhaft bleiben, das Verfahren einzustellen, selbst auf die Gefahr hin, daß bis zu einer ordnungsgemäßen erneuten Klageerhebung die Verjährung eintreten sollte.

kk) Amnestie

Bei Anwendung der eingangs entwickelten Grundsätze muß das Verfahren auch eingestellt werden, wenn ungewiß ist, ob die Tat unter die zeitlichen Grenzen einer Amnestie fällt. Wenn hier die geistige Barriere, die Amnestie sei eine Vergünstigung, die dem Beschuldigten eigentlich nicht zukomme, erst einmal zugunsten der Erkenntnis durchbrochen ist, daß die Amnestie ein im Rahmen unserer Rechtsordnung gleichberechtigtes Rechtsinstitut ist, dann wird allein darauf abzustellen sein, daß die Gemeinschaft es für vertretbar erachtet hat, auf die Verwirklichung der materiellen Gerechtigkeit unter gewissen Voraussetzungen zu verzichten. Wird ein solcher Verzicht aber überhaupt für vertretbar gehalten, dann muß es auch vertretbar sein, auf die materielle Gerechtigkeit zu verzichten, wenn die Versagung der Amnestie nur unter der Gefahr einer Verletzung der Prinzipien, zu denen sich unsere Rechtsordnung mit der Schaffung auch von negativen Prozeßvoraussetzungen bekannt hat, möglich wäre. Es mag dann zwar sein, daß die Gemeinschaftsinteressen eine Einbuße erleiden, falls die Amnestievoraussetzungen in Wirklichkeit nicht vorliegen. Diese Einbuße muß die Gemeinschaft aber auf sich nehmen, will sie in ihren sittlichen Grundentscheidungen glaubhaft bleiben.

ll) Verjährung

Ähnliche Überlegungen wie für die Amnestie gelten auch für die Verjährung. Dabei soll hier vorausgesetzt werden, daß die Verjährung ihrer rechtlichen Natur nach ein Prozeßhindernis ist. Wo die Verjährung als Institut des materiellen Rechts[130] oder als Institut teils materiellrechtlichen, teils prozessualen Charakters[131] angesehen wird, kommt

[129] Vgl. oben B 2. Abschn. IV. 3. b) ii) in Verbindung mit aa).

[130] *Allfeld*, S. 305, Anm. 2; *Lorenz*, S. 56; *v. Liszt/Schmidt*, S. 451.

[131] *Frank*, § 66, Anm. II; *H. Mayer*, Allgemeiner Teil, S. 353; *Welzel*, S. 262; RGSt 59, 199; 66, 328.

unsere Problematik ohnehin nicht zum Tragen, weil dann schon unter Zugrundelegung allgemeiner Grundsätze nach dem Satz in dubio pro reo „zugunsten" des Angeklagten auf Freispruch zu erkennen wäre.

Bei Annahme einer rein prozessualen Natur der Verjährung wird man im Zweifelsfalle das Verfahren einstellen müssen (§ 360 Abs. 3 StPO). Dabei ist auch hier davon auszugehen, daß mit der Verjährung ein Verzicht der staatlichen Gewalt auf Verwirklichung der materiellen Gerechtigkeit ausgesprochen ist. Diese Selbstbeschränkung der staatlichen Gewalt gilt selbst dann, wenn die angeblichen Gründe für die Geltung der Verjährungsvorschriften — Beweisschwierigkeiten und abnehmendes staatliches Interesse nach Ablauf längerer Fristen — im Einzelfall nicht durchgreifen, weil die Beweise auch nach dem langen Zeitablauf noch klar auf der Hand liegen und das Interesse an der Bestrafung des Schuldigen z. B. wegen der besonderen Verabscheuungswürdigkeit des Verbrechens noch nicht gemindert ist. Wenn aber angesichts eines im Einzelfall vielleicht schwerwiegenden Konflikts zwischen materieller Gerechtigkeit und Rechtssicherheit die Entscheidung so unverrückbar zugunsten der Rechtssicherheit ausgefallen ist, dann gibt es keinen einleuchtenden Grund, warum die staatliche Gewalt ausgerechnet im Falle eines Zweifels ihr sittliches Fundament verlassen und das Risiko einer unrichtigen Entscheidung auf das Individuum abwälzen sollte. Ein Staat, der die Selbstbeschränkung seiner Gewalt zum fundamentalen Ordnungsprinzip erhoben hat und gleichwohl den Verstoß gegen dieses Ordnungsprinzip einkalkuliert und sanktioniert, wird in seinen sittlichen Grundentscheidungen unglaubwürdig und gefährdet damit das Fundament, auf dem er seine Rechtsordnung errichtet hat.

mm) Einhaltung der Auslieferungsbedingungen

Zu den Verfahrensvoraussetzungen in einem inländischen Verfahren gegenüber einem Ausländer gehört nach erfolgter Auslieferung, daß, sofern die ausländische Regierung bei der Bewilligung ihrer Rechtshilfe in der Strafsache deren Verwertung an eine Bedingung geknüpft hat, diese Bedingung zu beachten ist (§ 54 DAG). Das bedeutet, daß der Ausgelieferte nur wegen der Taten zur Rechenschaft gezogen werden darf, für die er ausgeliefert worden ist.

Das Bemerkenswerte an dieser Regelung ist, daß mit ihr die deutsche staatliche Gewalt sich auch gegenüber einem Ausländer eine Selbstbeschränkung auferlegt. Diese Selbstbeschränkung wird zu einem wesentlichen Teil der Rücksichtnahme auf den Willen des ausliefernden Staates dienen. Eine Mißachtung eventuell bei der Auslieferung gestellter Bedingungen könnte nämlich dazu führen, daß in einem ähnlichen

Fall die Auslieferung abgelehnt würde, weil die Gefahr besteht, daß die Bedingungen, an die die Rechtshilfe geknüpft wurde, wiederum mißachtet werden. Auch wäre die Gefahr nicht auszuschließen, daß einem von Deutschland Ausgelieferten in dem anderen Land ein ähnliches Schicksal widerfährt wie dem in die Bundesrepublik Deutschland Ausgelieferten. Das Vertrauen darauf, daß die gegenseitigen Abmachungen respektiert werden, ist somit letztlich die Voraussetzung für die Verwirklichung der materiellen Gerechtigkeit an einem Ausländer in Deutschland. Schon dies gebietet es, die Grenzen der Selbstbeschränkung der staatlichen Gewalt sorgfältig zu beobachten und auch schon die Möglichkeit ihrer Verletzung auszuschließen, weil eine Überschreitung der Gemeinschaft selber Nachteile bringen könnte.

Darüber hinaus ist mit dieser Selbstbeschränkung aber zugleich dem Ausländer eine geschützte Rechtsposition eingeräumt. Die Anwendung von Normen, die eine Selbstbeschränkung der staatlichen Gewalt gegenüber einem Angeklagten zum Ausdruck bringen, darf einem Ausländer gegenüber nicht anders gehandhabt werden als gegenüber deutschen Staatsbürgern. Es ist somit auch Teil des sittlichen Fundaments unserer Rechtsordnung, daß der Ausländer nur in den Grenzen bestraft wird, die durch die Auslieferungsbedingungen gesteckt sind. Diese sittliche Wertentscheidung würde ausgehöhlt, wollte man Zweifel über das Bestehen dieser Grenzen übergehen und einfach unterstellen, daß ein Verstoß gegen die Auslieferungsbedingungen nicht vorliegt.

nn) Vorliegen neuer Tatsachen und Beweismittel bei Wiederaufnahme der Klage

Nach § 211 StPO kann eine Klage nur auf Grund neuer Tatsachen und Beweismittel wieder aufgenommen werden, wenn die Eröffnung des Hauptverfahrens durch einen nicht mehr anfechtbaren Beschluß abgelehnt ist. Auch hier werden Zweifelssituationen in der Praxis überaus selten sein. Dennoch wäre vorstellbar, daß z. B. infolge Unvollständigkeit der Akten in den entscheidenden Punkten in dem späteren Verfahren ernsthafte Zweifel auftauchen, ob nicht die beschränkte Rechtskraftwirkung des § 211 StPO der Durchführung des neuen Verfahrens entgegensteht, so daß die durch die Rechtskraftwirkung verbürgte Rechtssicherheit in einen Konflikt zu dem Bestreben nach Verwirklichung der materiellen Gerechtigkeit gerät. Auch hier wird man zu einer sachgerechten Lösung nur kommen können, wenn man auf der Grundlage des oben dargestellten sittlichen Fundaments unserer Rechtsordnung auf die Wertentscheidungen zurückgreift, die dem § 211 StPO zugrunde liegen. Danach soll dem Angeschuldigten durch ein zwingendes verfahrensrechtliches Verbot unbedingter Schutz vor einer neuen Klageerhebung wegen derselben Tat gewährt werden, sofern nicht die neue Klage durch ein neues Beweismittel gestützt wird[132]. Dieser Schutz besteht selbst dann, wenn infolge eines Wechsels in der Rechtsauffassung die der damaligen Klage zugrunde gelegten Tatsachen nunmehr rechtlich anders zu beurteilen wären[133]. Damit ist § 211 StPO in die Nähe des Verfassungsgrundsatzes ne bis in idem gerückt. Ihm liegt der gleiche Rechtsgedanke zugrunde: Der Täter soll nicht befürchten müssen, wegen derselben Tatsachen ein zweites Mal in ein Strafverfahren verwickelt zu werden. Dieser Gedanke ist dem Streben nach Verwirklichung der materiellen Gerechtigkeit offenkundig übergeordnet, wie insbesondere die Verfahrensweise bei veränderter Rechtsauffassung deutlich macht. Demgegenüber ist den Belangen der materiellen Gerechtigkeit dadurch Rechnung getragen, daß als neu alle Tatsachen und Beweismittel gelten, die dem Gericht im Zeitpunkt des Beschlusses nach § 204 StPO unbekannt waren. Darauf, ob die neuen Tatsachen oder Beweismittel vorher anderen Stellen bekannt waren oder vom Gericht hätten in Erfahrung gebracht werden können, kommt es nicht an[134]. Damit ist sichergestellt, daß das Verbot einer nochmaligen Klage der sorgfältigeren Erforschung des Sachverhalts oder neuen Erkenntnissen nicht entgegensteht. Sobald ein Anlaß sichtbar wird, die Belange der Gemeinschaft gegenüber dem Rechtsbrecher erneut zur Geltung zu bringen, kann die Klage wieder aufgenommen werden. Dann wäre es aber mit dem dem § 211 StPO zugrunde liegenden Gedanken nicht vereinbar, wenn unter möglicher Verletzung des in ihm verankerten Prinzips die Klage schon wieder aufgenommen würde, obwohl zweifelhaft ist, ob die aufgetauchten Tatsachen oder Beweismittel im Hinblick auf die Klage neu sind. Dies wäre auch deshalb nicht vertretbar, weil die staatliche Gewalt schlechterdings nicht einen von ihrer Autorität getragenen rechtskräftigen Beschluß durch ein solches zweifelhaftes Verfahren in Frage stellen kann, ohne damit der Glaubwürdigkeit ihrer Prinzipien schweren Schaden zuzufügen.

oo) Nachtragsklage, Einbeziehungsbeschluß

Eine besondere, an den Bedürfnissen der Praxis orientierte Form der Erhebung der öffentlichen Klage ist die Nachtragsklage der Staatsanwaltschaft gemäß § 266 StPO. Sie muß dem § 200 Abs. 1 StPO entsprechen, hat also auch die dem Angeklagten zur Last gelegte Tat unter Hervorhebung ihrer gesetzlichen Merkmale und der Zeit und des Ortes ihrer Begehung sowie das anzuwendende Strafgesetz zu

---

132 *Löwe/Rosenberg*, § 211, Anm. 3; *KMR-Kommentar*, § 211, Anm. 1.

133 BGHSt 18, 225 = NJW 63, 1019.

134 RGSt 56, 92; BGHSt 7, 64.

bezeichnen[135]. Dadurch ist sichergestellt, daß auch bei Erhebung einer erst in der Hauptverhandlung auf weitere Straftaten des Angeklagten ausgedehnten Anklage eine ausreichende Verteidigung ermöglicht ist, wobei als sicherndes Element hinzukommt, daß der Angeklagte der Einbeziehung dieser Straftaten zustimmen muß. Obwohl damit die Bestimmungen über die Nachtragsklage dem Angeklagten die gleiche Rechtsposition einräumen wie dem von der gewöhnlichen Klage betroffenen Angeklagten, besteht keine Veranlassung, eventuelle unaufklärbare Zweifel über die Erhebung der Nachtragsklage oder ihre Ordnungsmäßigkeit unbeachtet zu lassen und in der Verhandlung über die einbezogenen Straftaten voranzuschreiten. Zum einen hat die Staatsanwaltschaft die Möglichkeit, solche Zweifel auszuräumen, indem sie die Nachtragsklage noch einmal ordnungsgemäß erhebt, zum anderen könnte sie zu jeder Zeit ein gesondertes Verfahren einleiten.

Zweifel über das Vorhandensein des Einbeziehungsbeschlusses sind wie Zweifel über das Vorhandensein des Eröffnungsbeschlusses zu sehen[136], so daß insoweit auf die Ausführungen zum Eröffnungsbeschluß verwiesen werden darf.

pp) Sühneverfahren

Eine Prozeßvoraussetzung eigener Art ist das Sühneverfahren gemäß § 380 StPO. Sie unterscheidet sich von allen anderen Prozeßvoraussetzungen dadurch, daß sie nach der Eröffnung des Hauptverfahrens nicht mehr zur Einstellung des Verfahrens führt, dieses vielmehr ungehindert seinen Fortgang nimmt[137]. Dies erklärt sich daraus, daß nach der Eröffnung des Hauptverfahrens der Zweck des Sühneverfahrens, leichtfertiger und übereilter Erhebung von Privatklagen vorzubeugen[138], nicht mehr erreicht werden kann. Damit beantwortet sich die Frage, wie zu verfahren ist, wenn sich während der Hauptverhandlung Zweifel über die erfolgte Durchführung des Sühnetermins ergeben, von selber. Die Zweifel sind unbeachtlich; das Verfahren wird fortgesetzt.

Wird nach der Einreichung der Klage, aber vor der Eröffnung des Hauptverfahrens zweifelhaft, ob das Sühneverfahren stattgefunden hat, so erhebt sich zunächst die Frage, ob eine Nachholung des Sühneverfahrens zulässig wäre, um auf diese Weise jeglichen Zweifel auszuräumen. Bekanntlich ist diese Frage höchst umstritten[139]. Sie kann indes auf sich beruhen.

---

135 BayObLG NJW 53, 674.

136 BGH NJW 70, 904.

137 OLG Hamburg NJW 56, 522.

138 *Löwe/Rosenberg*, § 380, Anm. 3.

139 Vgl. *Löwe/Rosenberg*, § 380, Anm. 5 mit umfangreichen Angaben.

Hält man die Nachholung des Sühneverfahrens für zulässig, so bestünde unter gar keinen Umständen eine Veranlassung, bei Zweifeln zu unterstellen, daß es stattgefunden hat. Da nach dieser Auffassung das Gericht die Möglichkeit hat, eine Frist für die Nachholung des Sühneverfahrens zu setzen[140], könnte die Prozeßvoraussetzung ohne Schwierigkeit nachträglich geschaffen werden. Es wäre dann allenfalls denkbar, daß der Privatkläger — sollte das Sühneverfahren in Wirklichkeit doch schon stattgefunden haben — ein zweites Mal die Gebühren für die Durchführung des Sühnetermins aufzubringen hätte. Da die Vorschrift über den Sühneversuch jedoch im öffentlichen Interesse[141] mit dem Ziel erlassen ist, die Geltendmachung des Klagerechts zu erschweren[142], bestehen keine Bedenken, dieses Opfer vom Privatkläger zu fordern.

Auf den Gesichtspunkt des öffentlichen Interesses wird man auch abstellen dürfen, wenn man mit der wohl herrschenden Meinung in Literatur und Rechtsprechung die Zulässigkeit einer Nachholung des Sühneverfahrens verneint. Im Gegensatz zu fast allen anderen Prozeßvoraussetzungen steht nämlich hier nicht der Konflikt zwischen Rechtssicherheit für das beschuldigte Individuum und Verwirklichung des materiellen Strafanspruchs der Gemeinschaft, sondern der Konflikt zwischen privatem Interesse an einer strafgerichtlichen Verfolgung und öffentlichem Interesse an einer weitgehenden Unterbindung solcher Verfolgungen im Vordergrund. § 380 StPO enthält keine ethisch motivierte Selbstbeschränkung der staatlichen Gewalt gegenüber dem Täter, sondern ist Mittel zur Beschränkung privater Initiativen auf dem Gebiet strafgerichtlicher Verfolgung. Mit Recht wird daher angenommen, daß der Privatkläger bei Erhebung der Privatklage nachzuweisen hat, daß der Sühneversuch stattgefunden hat[143]. Gelingt ihm dies nicht, bleiben Zweifel, so wird der staatlichen Gewalt kein Vorwurf zu machen sein, wenn sie die Privatklage zurückweist. Dem Privatkläger bleibt dann die Möglichkeit, erneut Klage unter ordnungsgemäßen Voraussetzungen zu erheben.

qq) Rechtsmittelwirksamkeit

Ist die Wirksamkeit des Rechtsmittels des Angeklagten zweifelhaft, so muß die Entscheidung im Spannungsverhältnis zwischen materieller Gerechtigkeit und Rechtssicherheit zugunsten der materiellen Gerech-

140 LG Aachen NJW 56, 1611; LG Itzehoe SchlHA 56, 273; *Reiff*, NJW 56, 500.

141 Vgl. *Müller*, GA 61, 162 bei Anm. 6.

142 *Hahn*, Materialien, Bd. I, 277.

143 *Löwe/Rosenberg*, § 380, Anm. 3.

tigkeit fallen. Der Sinn der Selbstbeschränkung der staatlichen Gewalt liegt darin, das Individuum in Anerkennung seiner spezifischen Eigenheit vor willkürlichen Übergriffen zu bewahren. Die Selbstbeschränkung kann daher dort entfallen, wo eine mögliche Rechtsverletzung ohnehin nur dem Individuum zugute kommen kann. Da der Angeklagte stets ein Interesse an der Verwirklichung der materiellen Gerechtigkeit hat, sofern in dem Rechtsmittelverfahren nicht mehr weiter zu seinen Ungunsten entschieden werden kann, gebieten es Zweifel an der Wirksamkeit eines Rechtsmittels sogar, das Rechtsmittelverfahren durchzuführen, denn mögliche materielle Ungerechtigkeit zu Lasten des Angeklagten wäre nicht weniger unerträglich, als materielle Gerechtigkeit unter möglicher Verletzung der zum Schutze des Angeklagten erlassenen Normen.

Gleiches muß gelten, wenn die Staatsanwaltschaft zugunsten des Angeklagten ein Rechtsmittel eingelegt hat, dessen Wirksamkeit zweifelhaft ist.

Problematisch könnten Zweifel an der Wirksamkeit des Rechtsmittels demnach nur bei dem zuungunsten des Angeklagten eingelegten Rechtsmittel der Staatsanwaltschaft werden. Hier wird davon auszugehen sein, daß die Rechtsmittelfrist der Verwirklichung der materiellen Gerechtigkeit eine Grenze setzt. Konnte man diese Grenze bei dem zugunsten des Angeklagten eingelegten Rechtsmittel möglicherweise noch überschreiten, weil damit wenigstens dem Individuum kein Schaden zugefügt wurde, so wird man hier beachten müssen, daß die Gemeinschaft mit der Anerkennung einer solchen Grenze ihr berechtigtes Interesse an der Bestrafung des möglicherweise Schuldigen in den Hintergrund gerückt und damit der Rechtssicherheit eine Priorität eingeräumt hat. Dann stellt sich nicht anders als bei vielen der oben behandelten Prozeßvoraussetzungen die Frage, ob es mit der Selbstbeschränkung der staatlichen Gewalt und den darin zum Ausdruck kommenden Prinzipien noch vereinbar ist, einen Angeklagten trotz bestehender Zweifel über das Vorhandensein solcher Grenzen abzuurteilen. Hierauf wird es nur eine negative Antwort geben dürfen, weil die Interessen einer Gemeinschaft, die es ohnehin für vertretbar erachtet, unter bestimmten Voraussetzungen auf die Verwirklichung der materiellen Gerechtigkeit zu verzichten, nicht derart überwiegen, als daß es ohne Schaden für die Glaubwürdigkeit ihres sittlichen Bekenntnisses hingenommen werden dürfte, daß ein Rechtsmittelverfahren gegen den Angeklagten durchgeführt wird, welches vielleicht gar nicht mehr zulässig war. Die Gemeinschaft vermag eher die Einbuße zu überwinden, die sie erleidet, wenn ein Schuldiger einmal der gerechten Strafe entgeht, als den Makel der Unglaubwürdigkeit wieder abzustreifen, dem sie sich aussetzt, wenn sie die Möglichkeit einer vielleicht nicht mehr zulässigen Bestrafung bewußt in Kauf nimmt und damit die von ihr als vorrangig anerkannten Rechtsprinzipien in Frage stellt.

Argumente wie dies, daß das Rechtsmittel entweder nur wirksam oder nur unwirksam sein könne und demzufolge eine Differenzierung zwischen Rechtsmittel des Angeklagten und Rechtsmittel der Staatsanwaltschaft nicht möglich sei[144], vermögen demgegenüber nicht zu überzeugen. Die scheinbare Logik dieses Gedankens trägt der spezifischen Aufgabe der Prozeßvoraussetzungen nicht Rechnung und übersieht die Konsequenzen, die sich gerade beim zweifelhaften Rechtsmittel für den Angeklagten ergeben können, wenn man formalistisch das Verfahren einheitlich entweder nur für zulässig oder nur für unzulässig hält.

rr) Prozeßvoraussetzungen des Wiederaufnahmeverfahrens

(1) Wiederaufnahmeantrag

Wesentliche Voraussetzung eines Wiederaufnahmeverfahrens ist ein ordnungsgemäßer Wiederaufnahmeantrag. Ergeben sich Zweifel, ob ein solcher überhaupt oder ob er formgerecht gestellt wurde, so begegnet es keinen Bedenken, wenn das Gericht nicht tätig wird, sondern das Verfahren von einem zweifelsfreien Antrag abhängig macht. Der Antrag auf Wiederaufnahme ist unbefristet, für die Wiederaufnahmegründe gibt es keine Verwirkung, und die Strafverfolgungsverjährung kann dem Antrag nie entgegenstehen[145]. Angesichts dieser dem Verurteilten unbegrenzt zu Gebote stehenden Möglichkeiten, zu jeder Zeit ein Wiederaufnahmeverfahren einzuleiten, gibt es keinen Grund, die Wiederaufnahme eines rechtskräftig abgeschlossenen Verfahrens in Erwägung zu ziehen, obwohl ungewiß ist, ob überhaupt ein ordnungsgemäßer Antrag vorliegt.

(2) Anordnung der Wiederaufnahme

Das Wiederaufnahmeverfahren bringt das frühere Urteil nur in Fortfall, wenn ein gesonderter Beschluß, der eigener Rechtskraft fähig ist, dies anordnet (§ 370 Abs. 2 StPO). Hier wird in der Praxis selten Anlaß zu der Beschäftigung mit der Frage gegeben sein, wie zu entscheiden ist, wenn das Vorhandensein eines solchen Beschlusses nicht mehr festgestellt werden kann. Sofern dies tatsächlich einmal der Fall sein sollte, wird man zunächst darauf abzustellen haben, daß nach

---

[144] Soweit ersichtlich wird jetzt erstmalig bei *Löwe/Rosenberg*, 22. Aufl., Einl. Kap. 10 A 7 b dd a. E. die Notwendigkeit einer Differenzierung anerkannt.

[145] Vgl. *KMR-Kommentar*, § 365, Anm. 4.

einem rechtskräftig abgeschlossenen Verfahren grundsätzlich die Rechtskraft aus Gründen der Rechtssicherheit gegenüber allen anderen Erwägungen den Vorrang haben muß. Nur wenn die Aufrechterhaltung des alten Urteils einen unerträglichen Gerechtigkeitsverstoß[146] bedeuten würde, kann es unter streng abgegrenzten Voraussetzungen in einem formalisierten Verfahren angegriffen werden. In diesem Zusammenhang verfangen die eingangs dargestellten Prinzipien unserer Rechtsordnung nicht. Der Grundsatz der Selbstbeschränkung der staatlichen Gewalt als Folge der Achtung vor der Menschenwürde des Individuums ist in dem rechtskräftig abgeschlossenen Verfahren im Rahmen des prozessualen Geschehens voll zur Geltung gekommen. Zwar beschränkt das Wiederaufnahmeverfahren ebenfalls die staatliche Gewalt, indem diese ihre Bereitschaft anbietet, ihren eigenen Spruch in Frage zu stellen, wenn sich z. B. die Beweisgrundlagen des rechtskräftigen Urteils als fehlerhaft erweisen; diese Selbstbeschränkung bezieht sich aber auf die materiellen Gehalte des dem Individuum gegenüber erhobenen Strafanspruchs, nicht auf die Gestaltung des Verfahrens, in dem die staatliche Gewalt diesen Strafanspruch realisiert. Bezeichnenderweise sind die Formalien des Wiederaufnahmeverfahrens, denen die Aufgabe zufällt, den Verurteilten zu schützen, auf ein Minimum beschränkt. Die gesamte Formalisierung des Wiederaufnahmeverfahrens dient im Gegenteil in erster Linie dazu, als eine Art Filter die Rechtskraft des bestehenden Urteils gegenüber unberechtigten Angriffen abzuschirmen. Bei einer solchen Betonung der Bedeutung der Rechtskraft liegt es auf der Hand, daß das frühere Urteil seine Wirksamkeit erst verlieren kann, wenn positiv feststeht, daß ein Wiederaufnahmebeschluß ergangen und auch rechtskräftig geworden ist. Sollten wirklich einmal ernstliche Zweifel über die Existenz eines solchen Beschlusses auftauchen, so könnte das Gericht, wenn die vom Verurteilten aufgestellten Behauptungen genügende Bestätigung gefunden haben, jederzeit einen solchen Beschluß nachholen und damit die Wahrung der Rechte des Verurteilten gewährleisten.

---

146 *KMR-Kommentar*, Vorbem. 2 vor § 359.

Zusammenfassende Schlußbemerkung

Die vorangegangene Untersuchung hat gezeigt, daß zur Lösung des Problems, wie bei Zweifeln über das Vorhandensein von Prozeßvoraussetzungen oder Prozeßhindernissen zu entscheiden ist, der Satz in dubio pro reo nicht herangezogen werden kann, weil er als prozessuale Kehrseite des materiellen Schuldgrundsatzes seinem Wesen nach auf prozessuale Tatbestände keine Anwendung finden kann.

Eine Entscheidung „zugunsten" oder „zuungunsten des Angeklagten" ist nicht möglich, weil sich in Ermangelung entsprechender Bezugspunkte nicht sagen läßt, welche Entscheidung im Einzelfall „günstig", welche „ungünstig" ist.

Der entscheidende Gesichtspunkt ist die Frage nach der Zulässigkeit des Verfahrens. Dazu ist es erforderlich, jede einzelne Prozeßvoraussetzung, jedes Prozeßhindernis in der jeweiligen Funktion im Rahmen des Strafprozesses zu betrachten. Das Kriterium, unter dem zu prüfen ist, ob bei tatsächlichen Zweifeln die jeweilige Funktion der Prozeßvoraussetzung oder des Prozeßhindernisses zur Geltung kommt, ist das sittliche Fundament, auf dem unsere Rechtsordnung den Strafprozeß mit den ihm innewohnenden Beschränkungen staatlicher Gewalt errichtet hat. Dabei ergibt sich ein sehr differenziertes Bild: Während in einigen Fällen Zweifel über das Vorhandensein von Prozeßvoraussetzungen oder Prozeßhindernissen eine Problematik überhaupt nicht entstehen lassen, kann in anderen Fällen das Verfahren ohne Schaden für den Beschuldigten, ohne Schaden auch für das sittliche Fundament unserer Rechtsordnung durchgeführt werden. Bei der Rechtsmitteleinlegung wird die Entscheidung davon abhängen müssen, wessen Rechtsmittel zweifelhaft ist. In der überwiegenden Anzahl der Fälle ist jedoch die richtige Entscheidung nur in der sofortigen Beendigung des Verfahrens zu sehen.

Schrifttumsverzeichnis

Allfeld: Lehrbuch des Deutschen Strafrechts, 9. Auflage, Leipzig 1934.

Anschütz: Die Verfassung des Deutschen Reiches vom 11. August 1919, Kommentar, 14. Auflage, 1933, Neudruck Darmstadt 1960.

Bachof: Anmerkung zum Beschluß des OLG Karlsruhe, DVBl. 53, 599 in DVBl. 53, 601.

Baumann: Die natürliche Wortbedeutung als Auslegungsgrenze im Strafrecht, MDR 58, 394 ff.

Baumbach/Lauterbach: Zivilprozeßordnung mit Gerichtsverfassungsgesetz und anderen Nebengesetzen, 30. Auflage, München und Berlin 1970.

v. Bar: Gesetz und Schuld im Strafrecht, Band III: Die Befreiung von Schuld und Strafe durch das Strafgesetz, Berlin 1909.

Beling: Deutsches Reichsstrafprozeßrecht, Berlin und Leipzig 1928.

Bennecke/Beling: Lehrbuch des Deutschen Reichsstrafprozeßrechts, Breslau 1900.

Binding: Handbuch des Strafrechts, Leipzig 1885.

Bockelmann: Die Unverfolgbarkeit der Abgeordneten nach deutschem Immunitätsrecht, Göttingen 1951.

Bohne: Menschenwürde und Strafrecht, Rektoratsrede vom 10. November 1949, Krefeld 1949.

Bonner Kommentar: Kommentar zum Bonner Grundgesetz, Loseblattsammlung, Hamburg 1950 ff.

Brandstetter: Straffreiheitsgesetz 1954, Berlin und Frankfurt 1954.

Coing: Das Grundrecht der Menschenwürde, der strafrechtliche Schutz der Menschlichkeit und das Persönlichkeitsrecht des bürgerlichen Rechts, SJZ 47, 652 ff.

— Die obersten Grundsätze des Rechts (Ein Versuch zur Neugründung des Naturrechts), Heidelberg 1947.

Dalcke/Fuhrmann/Schäfer: Strafrecht und Strafverfahren, Eine Sammlung der wichtigsten Gesetze des Straf- und Ordnungsrechts und des Straf- und Bußgeldverfahrens mit Erläuterungen, 37. Auflage, Berlin 1961.

Dallinger: Strafprozeßordnung, Stuttgart und Köln 1952.

— Anmerkung zu BGHSt MDR 55, 180 in MDR 55, 181.

Dallinger/Lackner: Jugendgerichtsgesetz, Kommentar, 2. Auflage, München 1965.

Dohna, Graf zu: Das Strafprozeßrecht, 3. Auflage, Berlin 1929.

— Redefreiheit, Immunität und Zeugnisverweigerungsrecht in Handbuch des Deutschen Staatsrechts, Bd. 1, S. 439 ff., Tübingen 1930.

Dreher: Anmerkung zu BGHSt MDR 63, 855 f. in MDR 63, 857.

— Strafgesetzbuch mit Nebengesetzen und Verordnungen, Kommentar, 33. Auflage, München 1972.

Dürig: Die Menschenauffassung des Grundgesetzes, JR 52, 259 ff.

Erbs: Handkommentar zur StPO, Frankfurt a. M. und Bonn 1950.

Fränkel: Anmerkung zu BGHSt LM Nr. 3 zu § 1 JGG.

Frank: Das Strafgesetzbuch für das Deutsche Reich, 18. Auflage, Tübingen 1931.

Geerds: Gnade, Recht und Kriminalpolitik, (Antrittsvorlesung an der Universität Kiel) Recht und Staat, Heft 228/229, Tübingen 1960.

Gerland: Deutsches Reichsstrafrecht, 2. Auflage, Berlin 1932.

Germann: Der Eröffnungsbeschluß, NJW 60, 758 ff.

Glaser, Julius: Handbuch des Strafprozesses,
1. Band Leipzig 1883.
2. Band Leipzig 1885.

— Beiträge zur Lehre vom Beweis im Strafprozeß, Leipzig 1883.

Goldschmidt, James: Der Prozeß als Rechtslage, Eine Kritik des prozessualen Denkens, Berlin 1925.

Grethlein: Die Problematik des Verschlechterungsverbots im Hinblick auf die besonderen Maßnahmen des Jugendrechts, Neuwied 1963.

Grethlein/Brunner: Jugendgerichtsgesetz, Kommentar, 3. Auflage, Berlin 1969.

Hahn: Die gesamten Materialien zur Strafprozeßordnung und dem Einführungsgesetz zu derselben vom 1. Februar 1877, 1. Abteilung, Berlin 1880.

Hamann/Lenz: Das Grundgesetz für die Bundesrepublik Deutschland vom 23. Mai 1949, Kommentar, 3. Auflage, Neuwied und Berlin 1970.

Hartmann, Nicolai: Ethik, 3. Auflage, Berlin 1949.

Henkel: Strafverfahrensrecht, 1. Auflage, Stuttgart und Köln 1953, 2. Auflage, Stuttgart 1968.

Herlan: Die Immunität der Abgeordneten, JR 51, 325 ff.

— Immunitätsfragen, MDR 50, 517 ff.

v. Hippel, Robert: Der Deutsche Strafprozeß, Lehrbuch, Marburg 1941.

— Deutsches Strafrecht, Teil I: Allgemeine Grundlagen, Berlin 1925, Teil II: Das Verbrechen, Allgemeine Lehren, Berlin 1930.

Hubmann: Das Persönlichkeitsrecht, Köln/Graz 1953.

Kern: Anmerkung zu BGHSt JZ 58, 37 in JZ 58, 373.

— Strafverfahrensrecht, 8. Auflage, München und Berlin 1967.

Kern/Roxin: Strafverfahrensrecht, 11. Auflage, München 1972.

Kiesow: Kommentar zum Jugendgerichtsgesetz 1923, Verlag J. Bensheimer 1923.

Klein, Friedrich: Neues Deutsches Verfassungsrecht, Frankfurt a. M. 1949.

Kleinknecht: Strafprozeßordnung, Kommentar, 30. Auflage, München 1971.

Kleinknecht/Müller/Reitberger: Kommentar zur Strafprozeßordnung, 6. Auflage, Darmstadt 1966.

Koch, Helmut: Zur Frage der Aufhebung der Immunität von Abgeordneten des Deutschen Bundestages, DÖV 51, 428.

Kohlhaas: Antragsdelikte bei Wegfall eines Offizialdelikts, NJW 54, 1792 ff.

v. Kries: Die Prozeßvoraussetzungen des Reichsstrafprozesses, ZStW 5, 1 ff.
— Lehrbuch des Deutschen Strafprozeßrechts, Freiburg 1892.

Lackner: Kollision zwischen Jugend- und Erwachsenenstrafrecht, GA 1955, 33.

Leipziger Kommentar: herausgegeben von Jagusch, Edm. Mezger, A. Schaefer und W. Werner, 8. Auflage, Berlin 1957.

v. Liszt/Schmidt: Lehrbuch des Deutschen Strafrechts, 26. Auflage, Berlin und Leipzig 1932.

Löwe/Rosenberg: Die Strafprozeßordnung und das Gerichtsverfassungsgesetz mit Nebengesetzen, Kommentar,
20. Auflage, Berlin 1953 - 1958
21. Auflage, Berlin 1963 - 1965
22. Auflage, Berlin 1971 (Bd. 1)
- 1973 (Bd. 2).
(Zitate ohne Angabe der Auflage sind der 22. Auflage entnommen).

Lorenz: Die Verjährung in der deutschen Strafgesetzgebung, Eine Untersuchung de lege lata und de lege ferenda, München und Berlin 1955.

Lucas/Dürr: Anleitung zur strafrechtlichen Praxis, 1. Teil: Das formelle Strafrecht, 5. Auflage, Berlin 1931.

v. Mangoldt/Klein: Das Bonner Grundgesetz, 2. Auflage, Berlin/Frankfurt a. M., unveränderter Neudruck 1966.

Mann, D. u. U.: Die Anwendbarkeit des Grundsatzes „in dubio pro reo" auf Prozeßvoraussetzungen, ZStW 64, 264 ff.

Maunz: Deutsches Staatsrecht, Kurzlehrbuch, 19. Auflage, München und Berlin 1973.

Maunz/Dürig: Grundgesetz, Kommentar, 3. Auflage, München 1971 ff.

Maurach: Deutsches Strafrecht, Allgemeiner Teil, 4. Auflage, Karlsruhe 1971.

Mayer, Hellmuth: Strafrecht, Allgemeiner Teil, Stuttgart und Köln 1953.

Meyer, Heinrich: Bundestag und Immunität, Bonn 1953.

Moser: In dubio pro reo. Die geschichtliche Entwicklung dieses Satzes und seine Bedeutung im heutigen deutschen Strafrecht, Münchener Diss. 1933.

Müller: Beleidigungen im Sühnetermin, GA 1961, 162.

Niese: Prozeßvoraussetzungen und -hindernisse und ihre Feststellung im Strafprozeß, DRZ 49, 505 ff.

Nipperdey: „Die Würde des Menschen" in Bettermann/Nipperdey/Scheuner, Die Grundrechte, Handbuch der Theorie und Praxis der Grundrechte, Band II, Berlin 1954, S. 1 ff.

Nüse: Die innerdeutsche Rechtshilfe in Strafsachen, MDR 53, 453 ff.
— Anmerkung zu BGH JR 54, 351 in JR 54, 352.

Oetker: Durchbrechungen des Schuldprinzips, GS 100, 35.

Olshausen: Kommentar zum Strafgesetzbuch für das Deutsche Reich, 12. Auflage, Berlin 1942.

Pagel: Immunität und Unterlassungsklage, DÖV 57, 288.

Peters: Strafprozeßordnung, 2. Auflage, Karlsruhe 1966.

— Zur Lehre von den persönlichen Strafausschließungsgründen, JR 49, 496 ff.

Polzin: Das Gesetz über die innerdeutsche Rechts- und Amtshilfe in Strafsachen in der Praxis, JR 54, 448 ff.

Potrykus: Kommentar zum Jugendgerichtsgesetz, 4. Auflage, Darmstadt 1955.

— Das Verbot der reformatio in pejus und das Jugendstrafrecht, NJW 55, 929.

— Neue Zweifelsfragen nach dem Jugendgerichtsgesetz, NJW 54, 1349 ff.

Radbruch: Gesetzliches Unrecht und übergesetzliches Recht, SJZ 46, 105 ff.

Reiff: Kann der Sühneversuch in Privatklagesachen nach Klageerhebung nachgeholt werden? NJW 56, 500.

Reinicke: Die Kollision zwischen Rechtsfrieden und Gerechtigkeit, NJW 52, 3 ff.

— Anmerkung zu OHG NJW 49, 556 in NJW 49, 556.

Risch: Zur Frage der rechtlichen Konstruktion der Kriminalverjährung nach heutigem Rechte, ZStW 9, 235 ff.

Rittler: Lehrbuch des Österreichischen Strafrechts, 1. Band, 2. Auflage, Wien 1954.

Roesen: Der Eröffnungsbeschluß, NJW 59, 1861 f.

Rosenberg: Lehrbuch des deutschen Zivilprozeßrechts, 9. Auflage, München und Berlin 1961.

Rosenfeld: Der Reichsstrafprozeß, 4. und 5. Auflage, Berlin 1912.

Sarstedt: Die Revision in Strafsachen, 4. Auflage, Essen 1962.

— Anmerkung zu KG JR 54, 470 in JR 54, 471.

Sax: „Grundsätze der Strafrechtspflege“ in Bettermann/Nipperdey/Scheuner, Die Grundrechte, Handbuch der Theorie und Praxis der Grundrechte, Band III/2, Berlin 1959, S. 909 ff.

— Die Anwendbarkeit des Satzes in dubio pro reo im strafprozessualen Bereich in Festschrift für Stock, 1966, 143 ff.

— Kriminalpolitik und Strafrechtsreform, JZ 57, 5.

— Anmerkung zu BGH JZ 58, 177 in JZ 58, 178.

Schaffstein: Jugendstrafrecht, Stuttgart 1959.

Schlosser: Zur verfassungsrechtlichen Problematik der Irrtumsregelung in § 22 des Wehrstrafgesetzes, JZ 58, 526 ff.

Schmidt, Eberhard: Lehrkommentar zur Strafprozeßordnung und zum Gerichtsverfassungsgesetz,
Teil I, 2. Auflage, Göttingen 1964
Teil II, Göttingen 1957
Teil III, Göttingen 1960.

Schmidt, Eberhard: Anmerkung zu BGH JR 62, 108 in JR 62, 109.

— Anmerkung zu BGH JZ 63, 605 in JZ 63, 606.

— Buchbesprechung zu Brandstetter, Kommentar zum Straffreiheitsgesetz vom 3. 11. 1949, SJZ 50, 306/307.

Schmidt-Leichner: Anmerkung zu OLG Hessen, NJW 50, 476 in NJW 50, 476 f.

Schmitt, Carl: Legalität und Legitimität, München und Leipzig 1932.

Schneider, Rolf: Immunität und „mitgebrachtes" Verfahren, DVBl. 55, 350.

Schnitzerling: In dubio pro reo bei der strafrechtlichen Einordnung in eine Altersgruppe, NJW 56, 1384 f.

Schwarz: Straffreiheitsgesetz 1954, München und Berlin 1954.

— Das Grundgesetz in der strafrechtlichen Praxis, NJW 50, 124 ff.

Schönke/Schröder: Strafgesetzbuch, Kommentar, 16. Auflage, München und Berlin 1972.

Schürmann: Anmerkung zu OLG Düsseldorf, NJW 64, 1684 in NJW 64, 2265.

Seibert: Zum Begriff der ehrlosen Gesinnung im Amnestiegesetz, NJW 50, 173.

— In dubio pro reo in DRZ 49, 557 ff.

Seifert/Geeb: Erläuterungen zum Grundgesetz für die Bundesrepublik Deutschland von Seifert/Geeb/Steininger/Vulpius/Fußlein/Stöve in „Das Deutsche Bundesrecht", systematische Sammlung der Gesetze und Verordnungen mit Erläuterungen, Baden-Baden.

Spohr: Das Beweisinteresse in Strafsachen (sog. materielle Beweislast), Diss. Gießen 1894.

Stree: In dubio pro reo, Tübingen 1962.

— Deliktsfolgen und Grundgesetz. Zur Verfassungsmäßigkeit der Strafen und sonstigen strafrechtlichen Maßnahmen, Tübingen 1960.

Stern: Anmerkung zu OLG Jena, JW 28, 1883 in JW 28, 1883.

Ullmann: Lehrbuch des Deutschen Strafprozeßrechts, München 1893.

Warda: Zur gesetzlichen Regelung des vermeidbaren Verbotsirrtums, ZStW 71, 261.

Welzel: Das Deutsche Strafrecht. Eine systematische Darstellung, 11. Auflage, Berlin 1969.

Wimmer: Überzeugung, Wahrscheinlichkeit und Zweifel, DRZ 50, 390 ff.

FSC
www.fsc.org
MIX
Papier | Fördert gute Waldnutzung
FSC® C083411

Kolibri 360 GmbH
Ferdinand-Jühlke-Straße 7
99095 Erfurt, Deutschland
produktsicherheit@kolibri360.de

Druck:
CPI Druckdienstleistungen GmbH
im Auftrag der
Kolibri 360 GmbH
Ferdinand-Jühlke-Str. 7
99095 Erfurt